सदाबहार कहानियाँ

जैक लण्डन

सदाबहार कहानियाँ : जैक लण्डन

ISBN : 978-93-92088-58-2

प्रथम संस्करण : 2023

द्वितीय संस्करण : 2024

प्रकाशक : अनबाउंड स्क्रिप्ट

2/41, अंसारी रोड

दरियागंज, दिल्ली-110002

वेबसाइट : www.unboundscript.com

ई-मेल : books@unboundscript.com

फोन : 011-35807601

Printed in India

मूल्य : ₹ 125/-

अनुक्रम

आग

वह सुबह ठिठुरन और कोहरे भरी थी। शीत और कोहरा अपने चरम पर था जब उस आदमी ने प्रमुख यूको पगडंडी को छोड़ पहाड़ी पर चढ़ना प्रारंभ किया जहाँ से बाँस के इलाके को जाने वाली कभी कभार उपयोग में लाई जाने वाली पगडंडी के हल्के से चिह्न थे। वह एक खड़ी और सीधी चढ़ाई थी। ऊपर पहुँच उसने अपनी साँस को सामान्य करने के लिए हाथ घड़ी को देखने का बहाना बनाया। सुबह के नौ बज चुके थे। सूरज का कोई अता-पता नहीं था, हल्का-सा आभास भी नहीं, जबकि आकाश में बादल का टुकड़ा तक नहीं था। एक साफ-सुथरा दिन होने के बावजूद चारों ओर की हर वस्तु ढकी-मुँदी थी। एक ऐसी घनी चादर जिससे दिन अँधेरे से भरा था और यह सूरज की अनुपस्थिति के कारण था। इस सच्चाई से आदमी कतई परेशान न था। सूरज की अनुपस्थिति का वह आदी था। उसने पिछले कई दिनों से सूरज को नहीं देखा था। वह अच्छी तरह जानता था कि अभी और भी कई दिन इसी तरह बीतेंगे जब दक्षिण में सूरज कुछ देर के लिए निकल फिर ओझल हो जावेगा।

आदमी ने मुड़कर पार किए रास्ते को देखा। करीब एक मील पीछे, तीन फुट बर्फ के नीचे यूको छिपा-दबा था। जमी बर्फ के ऊपर कई फुट की हल्की बर्फ की परत पड़ी थी। चारों तरफ सफेद शुद्ध बर्फ के फाहे जमी बर्फ को ढके थे। उत्तर और दक्षिण, जहाँ

तक उसकी दृष्टि जा रही थी, सब तरफ सफेदी थी, बस दूर दक्षिण में उसे स्पूस-बर्फीले प्रदेश का वृक्ष-को छोड़कर जो उत्तर तब आड़े-तिरछे होते चले गए थे। वह वास्तव में आदमी द्वारा पार की जा चुकी मुख्य पगडंडी थी, जो दक्षिण में पाँच सौ मील दूर चिलकूट घाटी से होते समुद्र तक और फिर सत्तर मील उत्तर में डासन और फिर एक हजार मील दूर चुलाटो से होते अंत में डेढ़ हजार मील दूर बेरिंग समुद्र के तट पर बसे सेंट मिचेल शहर तक जाती थी।

बाल सी महीन रहस्यमयी सुदूर तक जाने वाली पगडंडी, आकाश से अनुपस्थित सूर्य, भयंकर शीत, एकाकीपन और अलौकिकता से आदमी पर कोई प्रभाव नहीं पड़ा था, इसीलिए नहीं कि वह इस सबका आदी था। सच यह था कि वह इस इलाके के लिए अजनबी था। यहाँ के हड्डी जमाने वाले शीत का उसका यह प्रथम अनुभव था। उसकी समस्या यह थी कि वह पूर्णतः कल्पना-शून्य था। जीवन के दैनिक कार्यों में वह तेज तर्रार था लेकिन केवल वस्तुओं को लेकर, उनके महत्व को लेकर नहीं। शून्य से पचास डिग्री निम्न का अर्थ अस्सी डिग्री जमी बर्फ होता है, इस सच का उसके लिए मात्र इतना अर्थ था कि कड़कड़ाती ठंड है, कुछ ज्यादा ही है और परेशान करने वाली है, बस। इसके आगे वह यह नहीं सोच पाता कि तापमान पर निर्भर दुर्बल प्राणी होने के कारण मनुष्य ताप और शीत के हल्के परिवर्तन के बीच ही जीवित रहने में समर्थ है। इसी से जुड़ी मनुष्य की मरणशीलता तथा सृष्टि में मनुष्य के स्थान जैसी बड़ी बातें सोचना उसकी सीमा के बाहर है। शून्य से पचास डिग्री नीचे का तात्पर्य बर्फ से रक्त हमले से बचने के लिए मेकोसिन, चमड़े की जैकेट, कन्टोपा तथा मोटे कंबल की आवश्यकता होती है, लेकिन पचास डिग्री शून्य का अर्थ उसके लिए मात्र पचास डिग्री शून्य है बस। तापमान की इस गिरावट से जुड़े जो भी अन्य अर्थ होते हैं उसके मस्तिष्क में इस विषय मे कोई विचार ही नहीं था।

जैसे ही आगे बढ़ने के लिए वह मुड़ा, उसने जानबूझकर जोर से थूका। थूकने के बाद जो जोर की आवाज हुई, उससे वह चौंक गया। उसने दोबारा थूका और उसने पाया कि बर्फ पर गिरने से पहिले हवा में जोर की चटपटाहट फैल गई। शून्य से पचास डिग्री नीचे, थूकने पर चटचटाहट होती है, वह जानता था लेकिन यहाँ तो थूक हवा में ही चटपटा रहा था। इसमें कोई संदेह नहीं था कि तापमान पचास डिग्री शून्य से ज्यादा ही नीचे था, बहुत ज्यादा, इसका उसे कोई अंदाज नहीं था। तापमान के ऊपर नीचे से उसे कुछ लेना-देना न था। उसे हेंडरसन खाड़ी के बाई ओर पहुँचना था, जहाँ लड़के राह देख रहे होंगे। वे इंडियन क्रीक-खाड़ी-से होते हुए गए थे, जबकि वह चक्कर लगाकर जा रहा था क्योंकि वह काटी हुई लकड़ी के लट्ठों को यूको के झरनों से पहुँचाने की राह की तलाश में निकला था। वह शाम के छ बजे तक कैंप पहुँच जावेगा, तब तक लड़के वहाँ पहुँच चुके होंगे, वे लकड़ियों को जलाकर रखेंगे, तापने के लिए, साथ ही गर्मागरम खाना थी उसकी प्रतीक्षा में होगा। दोपहर के भोजन के लिए उसने अपनी जैकेट में से उभरे बंडल को हाथों से थपथपाया। रूमाल से बाँधकर उसने पैकिट को शर्ट के नीचे अपनी देह से लगाकर रखा था। ब्रेड को जमने से बचाने का यही एक सुगम रास्ता था। मोटी तली सैंडविचौस को याद कर वह मुस्करा दिया।

ऊँचे स्प्रूस वृक्षों के बीच वह चल पड़ा। पगडंडी पर बहुत सारे हल्के निशान थे। पिछली स्लेज-बर्फ पर फिसलने वाली-गाड़ी से निकलने के बाद एक फुट बर्फ गिर चुकी थी। वह प्रसन्न था कि उसके पास स्लेज का अतिरिक्त बोझ नहीं था। सच यह था कि उसके पास रूमाल से बँधे भोजन के अतिरिक्त कुछ भी नहीं था। हालाँकि शीत की विकरालता से उसे आश्चर्य हो रहा था। ठंड दरअसल बहुत अधिक है, यह निष्कर्ष निकालते हुए उसने ठिठुरते हाथों से अपने गालों और जमी नाक को जोर से रगड़ा। वह एक

घनी दाढ़ी-मूँछों वाला आदमी था, लेकिन उसकी बढ़ी दाढ़ी उसके गालों और जमी जा रही लंबी नाम की बर्फीली हवा से रक्षा करने में असमर्थ थी।

आदमी के ठीक पीछे एक विशालकाय बड़े-बड़े झबरे बालों वाला कुत्ता चल रहा था जो अपने जंगली भाई भेड़ियों से मिलता जुलता था। कुत्ता भयंकर सर्दी से परेशान था। वह जानता था कि यह यात्रा का समय कतई नहीं था। आदमी की बुद्धि से अधिक उसकी प्राकृतिक वृत्ति विपरीत मौसम के बारे में उसे सचेत कर रही थी। सच यह था कि तापमान शून्य से पचास डिग्री से बहुत नीचे था, साठ डिग्री से ज्यादा बल्कि सत्तर से भी अधिक था। वास्तव में उस समय तापमान पचहत्तर डिग्री से नीचे था। सामान्यत: शून्य से बत्तीस डिग्री ऊपर पानी जमना प्रारंभ हो जाता है। इसका अर्थ यह था कि एक सौ सात डिग्री बर्फ उस समय जम रही थी। कुत्ते को थर्मामीटर के बारे में कोई ज्ञान नहीं था। संभवत: उसके मस्तिष्क में शीत की गहनता को लेकर मनुष्य की चेतना से कम ज्ञान था, किंतु पशु की अपनी अंतर्निहित इंद्रियाँ थीं। उसमें इतनी समझ अवश्य थी कि आदमी के पीछे चलने में ही उसकी भलाई है। कुछ, कुछ देर बाद वह आदमी को प्रश्न भरी नजरों से देख लेता था कि किसी भी क्षण किसी न किसी कैंप में वह पहुँचेगा और आग जलावेगा। वह इसी उम्मीद में उसके पीछे चल रहा था। कुत्ता आग से मिलने वाली शांति-दायक तपन के बारे में अच्छी तरह जानता था। यदि उसे आग नहीं मिलती है, तो वह बर्फ के ढेर के नीचे हवा से बचने के लिए दुबककर रहना पसंद करेगा।

कुत्ते की साँस से निकली हवा, उसके बालों पर गिरी बर्फ के साथ मिलकर जम रही थी। उसके जबड़े, नथुने और उसकी भौंहें हवा में मिल पूरी तरह सफेद हो चुके थे। आदमी की दाढ़ी और मूछों के लाल बाल ठीक कुत्ते की तरह सफेद थे, हालाँकि उसके

चेहरे पर कुत्ते की बर्फ से ज्यादा बर्फ जम चुकी थी, जो हर साँस के साथ बढ़ती जा रही थी। आदमी तमाखू चबा रहा था। सर्द होंठों पर जमी बर्फ से तमाखू की पीक छोड़ते समय उसकी ठोढ़ी पर अटक जाती थी। उससे उसकी दाढ़ी और बढ़ती चली जा रही थी। यदि वह गिर पड़ता तो वह काँच के टुकड़ों की तरह अपने आप टूट कर बिखर जाती। उसे इसकी परवाह नहीं थी, क्योंकि यह तो देश के हर तमाखू खाने वाले को भुगतना ही पड़ता है। वह इसके पहिले दो बार ऐसी ठंड में निकल चुका था लेकिन वह जानता था कि वे यात्राएँ इतनी सर्द न थीं जैसी आज की है। उसे पता था कि थर्मामीटर का पारा साठ के आसपास था, जबकि उन यात्राओं के समय पचास पचपन के आसपास था।

वह बर्फीले जंगल में मीलों चलता चला जा रहा था। उसने एक चौड़े निगर के सिरे को पार किया, उसके बाद बर्फ के जमे झरने को। वह हेंडरसन की खाड़ी थी। उसे अंदाज था कि उसे अभी दस मील और चलना है। उसने घड़ी देखी। दस बजे थे। वह एक घंटे में चार मील की रफ्तार से चल रहा था। उसने हिसाब लगाया कि वह साढ़े बारह के आसपास दोराहे पर पहुँच जावेगा। अपनी इस सफलता को लंच खाकर मनाने का उसने निश्चय किया।

अपनी दुम को निराशा में दबाए हुए कुत्ता उसके पीछे चलता जा रहा था, उस समय आदमी सोते-छोटी नदी-के साथ साथ मुड़ रहा था। पहिले निकली स्लेज के निशान साफ-साफ दिखाई पड़ रहे थे, लेकिन स्लेज के साथ दौड़ने वालों के पैरों के चिह्नों पर बर्फ की कई इंच बर्फ जम चुकी थी। यह स्पष्ट था कि उस शांत जनशून्य इलाके में पिछले माह भर में कोई भी नहीं निकला था। आदमी एक सी चाल से चलता जा रहा था। वह सोचने विचारने वाले लोगों में नहीं था और फिर उसके पास सोचने को कुछ था भी नहीं, सिवाय इसके कि वह दोराहे पर लंच लेगा और शाम के

छै बजे तक लड़कों के पास कैंप में होगा। वहाँ कोई बात करने वाल सहयात्री भी न था और यदि होता भी तो ओठों पर जमी बर्फ से बात करना संभव होता भी नहीं। अत: वह लगातार तमाखू चबाए जा रहा था और अपनी भूरी होती दाढ़ी को पीक से थूक थूककर बढ़ा रहा था।

चलते-चलते उसके मन में एक विचार बार-बार उठ रहा था कि आज ठंड कुछ ज्यादा ही है। इसके पहिले उसने ऐसी हड्डी जमाने वाली ठंड को कभी महसूस नहीं किया है। ठंड का विचार आते ही उसने अपनी सर्द-जमी-पिछली हथेलियों से अपने गालों और नाक को जमने से बचाने के लिए जोर जोर से रगड़ा। वह ऐसा अपनी आप बीच-बीच में अनजाने ही करता जा रहा था, कभी एक हाथ से कभी दूसरे हाथ से लेकिन जैसे ही रगड़ना बंद कर हाथ नीचे करता वैसे ही उसके गाल फिर से सुन्न हो जाते और दूसरे ही क्षण नाक का सिरा सुन्न हो जाता। उसे पूर्ण विश्वास था कि उसके गाल जम जावेंगे और यह विचार आते ही उसे पश्चाताप होने लगता कि उसने नाक रक्षक पट्टी की कुछ न कुछ व्यवस्था क्यों नहीं की। वह पट्टी नाक और दोनों गालों की आराम से रक्षा कर लेती। किंतु अब सोचने से लाभ क्या था भला। आखिर बर्फीले गाल होते क्या हैं? बस इतना ही न कि उनमें रह-रहकर दर्द होने लगता है। यह कोई विशेष चिंतनीय न था।

हालाँकि आदमी का मस्तिष्क विचारशून्य था, फिर भी वह चलते-चलते जमी नदी में होते परिवर्तन को देख रहा था, मोड़, गोलाई, बीच-बीच में पड़े लकड़ी के लट्ठे, विशेषकर तब तब वह पैर रखता था। एक मोड़ पर वह घोड़े की तरह बिदका और तेजी से मुड़कर वह अपने पैरों के निशानों को रौंदता पीछे लौटा। वह जिस नदी को जानता था वह तल तक जमी थी। ध्रुवीय शीत में किसी भी नदी में पानी होने का प्रश्न ही नहीं था, लेकिन वह यह भी जानता था कि पहाड़ी के किनारे-किनारे झरनों से बर्फ के

छोर पर पानी बहता रहता है। उसे भली भाँति पता था कि कैसी भी भयंकर ठंड क्यों न पड़े, ये झरने कभी बंद नहीं होते, ये हमेशा बहते रहते हैं। वह इनसे होने वाले खतरे से भी पूरी तरह परिचित था। ये फंदे हैं। बर्फ के नीचे पोखर या गड्ढा हो सकता है। तीन इंच गहरा भी और तीन फिट भी। कभी-कभार तो मात्र आधे इंच की बर्फ की परत ही रहती है, इन पर। कभी-कभी तो बर्फ के नीचे पानी, फिर बर्फ और फिर पानी भरा होता है और आदमी कुछ ही पलों में कमर तक पानी में अपने को पाता है।

उसके बिदकने का यही कारण था। उसने पैरों के नीचे टूटती बर्फ को टूटते सुन लिया था। भयंकर शीत और तापमान में पैरों के भीगने से उत्पन्न समस्या से वह बखूबी परिचित था। अधिक से अधिक उसे पहुँचने में देरी ही तो होगी। रुककर आग जलाना ज्यादा आवश्यक था। आग में अपने मोजे, मेकोसिन जैकिट सुखाना जरूर था। कुछ दूर तक वापिस लौट, वह रुका, नदी और उसके तट को गौर से देखने के बाद उसने निश्चय किया कि पानी का बहाव दाहिनी ओर है। कुछ देर नाक और गालों को रगड़ता वह सोचता रहा फिर बाईं ओर मुड़ गया। धीरे-धीरे संभल-संभल कर आगे बढ़ रहा था, हर कदम रखने के बाद, वह होने वाले परिवर्तन को भी देख रहा था। जैसे ही वह खतरे से बाहर हुआ, तमाखू के नए टुकड़े को उसने दाँत से तोड़ मुँह में रखा और अपनी चार मील प्रति घंटे की रफ्तार पर आगे चल दिया।

अगले दो घंटों में उसे कई बार इस प्रकार के जल फंदे मिले। प्रायः इन बर्फ ढके गड्ढों डबरों पर जमी बर्फ की पर्त पतली हल्की झोल भरी होती है, जो खतरे का संकेत था। एक बार तो वह बाल-बाल बचा और अगली बार खतरे की गंभीरता को समझने के लिए कुत्ते को जबर्दस्ती आगे चलने को बाध्य किया, हालाँकि कुत्ता जाना नहीं चाहता था। वह बार-बार पीछे मुड़ रहा था, लेकिन जब आदमी ने उसे बाध्य किया तो सामने के सफेद टुकड़े को पार

करने वह तेजी से बढ़ा और जैसे ही बर्फ टूटी वह बमुश्किल तेजी से कूदकर बर्फ पर आ गया। उसके अगले दो पैर भीग गए थे और पैरों पर लगा पानी कुछ ही पलों में बर्फ में बदल गया। कुत्ते ने तेजी से अपने पैरों और पंजों को जुबान से चाटना शुरू कर दिया क्योंकि पंजों में जमी बर्फ उसे जोरों से चुभ रही थी। आत्मसुरक्षा की यह एक सहज वृत्ति थी बस। जमी बर्फ पंजों में घाव कर देती, हालाँकि कुत्ते को इसका ज्ञान न था उसने तो मात्र अपनी मूल प्रवृत्ति से प्रेरित हो बर्फ को जीभ से चाटा था, लेकिन आदमी को इसका ज्ञान था इसलिए उसने अपने दाहिने हाथ का दस्ताना उतारा और कुत्ते के पंजे पर जमी बर्फ के कण साफ करने लगा। उसने अपनी उँगलियों को एक मिनिट से अधिक बाहर रखना उचित नहीं समझा, लेकिन इतनी ही देर में शून्य होती उँगलियों पर उसे आश्चर्य हुआ। ठंड वास्तव में बहुत तीखी और तेज थी। हाथ को दास्ताने में जल्दी से डाल छाती पर जोर-जोर से हाथ मारने लगा, ताकि हथेली में जमा खून तेजी से दौड़ने लगे।

बारह बजे, दिन अपनी पूरी रोशनी के साथ था फिर भी अपनी शीतकालीन यात्रा में सूरज दूर दक्षिण में क्षितिज को प्रकाशित करने में असमर्थ था। हेंडरसन खाड़ी और उसके बीच धरती का बहुत बड़ा टुकड़ा उनके बीच में था जहाँ आदमी भरी दोपहर में खुले साफ आसमान के नीचे बिना परछाईं के चल रहा था। ठीक साढ़े बाहर बजे दोराहे पर जब वह पहुँच गया तो आदमी को अपनी स्पीड पर प्रसन्नता हुई। यदि वह इसी तरह चलता रहा तो छ बजे तक वह लड़कों के पास निश्चित पहुँच जाएगा। उसने पहिले जैकिट और फिर कमीज के बटन खोले और भीतर से अपना लंच पैकिट बाहर निकाल लिया। हालाँकि मिनिट के चौथाई भाग में उसने यह सब कर लिया था लेकिन उन पंद्रह सेकेंड में ही उसकी खुली उँगलियाँ ठिठुर गईं। दस्ताना न पहिन कर उँगलियों को पैर पर जोर-जोर से खून के बहाव को बनाए रखने के लिए मारने लगा।

वहीं पड़े बर्फ जमे लकड़ी के लट्ठे पर वह खाना खाने बैठ गया। पैर पर हाथ मारने से उठा दर्द इतनी जल्दी समाप्त हो गया कि उसे आश्चर्य होने लगा। खाने का उसे समय ही नहीं मिल पाया। उसने एक हथेली को जल्दी से दस्ताने में डाला और दूसरे हाथ को खाने के लिए खुला छोड़ दिया। जब उसने खाने की कोशिश की तो बर्फ से जमे होंठ और मुँह ने उसका साथ देने से इनकार किया।

आग जलाकर बर्फ पिघलाने की उसे याद ही नहीं रही थी। उसे अपनी मूर्खता पर हँसी आई। हँसते हुए ही ठंड से सुन्न होती उँगलियों पर उसका ध्यान गया। साथ ही बैठते समय उसके पैरों की उँगलियों में जो दर्द शुरू हुआ था, धीरे-धीरे कम हो रहा था। उसके पंजे सुन्न हैं या गर्म, उसकी समझ में नहीं आ रहा था। उसने उन्हें मेकोसिन से ढक लिया, यह सोचते हुए कि वे वास्तव में सुन्न हैं।

उसने जल्दी से दूसरा दस्ताना भी पहना और खड़ा हो गया। उसे थोड़ा-थोड़ा डर लगने लगा था। जोर-जोर से वह खड़े-खड़े कदमताल करने लगा ताकि पैरों में हल्का सा दर्द वापिस आ जावे। "बड़ी भयंकर ठंड है", उसके मन में तेजी से विचार कौंधा। सल्फर खाड़ी में मिला आदमी वास्तव में सच कह रहा था कि इस समय जंगल में बहुत ज्यादा ठंड पड़ती है। उस समय तो जोरों से हँसकर उसने उत्तर दिया था। सच यह है कि आदमी को किसी को भी हल्के से नहीं लेना चाहिए। इसमें कोई शक ही नहीं है कि ठंड भयंकर है। तेजी से कदमताल के साथ वह हाथों में गर्मी लाने के लिए तेजी से चलाता रहा। कुछ आश्वस्ति के बाद उसने जेब से माचिस आग जलाने के लिए निकाली। एक खोह में से उसने लकड़ियाँ इकट्ठी कीं, जहाँ पिछली बसंत में नदी से बहकर आई सूखी लकड़ियाँ पड़ी थीं। सावधानी के साथ उसने धीरे-धीरे लकड़ियाँ जलाकर फूँक फूँक कर आग बढ़ाने का प्रयास किया। कुछ ही देर में लकड़ियों ने अच्छी आग पकड़ ली। आग से उसने

अपने चेहरे, हाथों और कपड़ों पर जमी बर्फ को पिघलाना शुरू किया। आग की गर्मी के बीच ही उसने अपना लंच खाया। कुछ देर के लिए ही सही, उसने ठंड को पराजित कर दिया था। आग से कुत्ता भी राहत महसूस कर रहा था। वह आग के बिल्कुल पास, लेकिन जलने से दूर आराम से बैठा था।

लंच खाने के बाद, आदमी ने पाइप निकाला। उसे तमाखू से भरा और आराम से पाइप का आनंद लेने लगा। कुछ देर बाद उसने बिना उँगली वाले दस्तानों को पहिना, अपने कनटोपे के दोनों सिरों से कानों को ढका और दोराहे के बाएँ जाने वाली पगडंडी पर चल दिया। कुत्ता आग को छोड़कर नहीं जाना चाहता था, इसलिए किकिया कर वापिस चलने की जिद कर रहा था। आदमी संभवत: भयंकर शीत से परिचित न था, शायद उसके पूर्वज भी वास्तविक शीत से शून्य से एक सौ सात डिग्री से कम शीत की भीषणता के बारे में अपरिचित थे, किंतु कुत्ता जानता था। उसके पूर्वजों को अनुभवजन्य ज्ञान था जिसे कुत्ते ने वंश परंपरा से प्राप्त किया था। वह भलीभाँति जानता था कि इस रक्त जमा देने वाली शीत में चलना खतरे को न्यौता देना था। उसके अनुसार यह समय किसी भी गड्ढे में दुबककर बैठे रहने और आकाश से बादलों के साफ होने की प्रतीक्षा का था, क्योंकि बादल ही हैं जो ठंड लाते हैं। सच्चाई यह थी कि कुत्ते और आदमी के मध्य विशेष आत्मीय संबंध नहीं थे। उनके बीच मालिक और गुलाम का संबंध था। कुत्ते ने मात्र मालिक के कोड़े की थपथपाहट ही जानी थी। कोड़े की सपाक-सपाक... जिसे सुन वह काँय...काँय... कर उठता था। ऐसे संबंध होने के कारण कुत्ते ने आदमी को शीत की गंभीरता के बारे में बताने का कोई विशेष प्रयास नहीं किया। आदमी की भलाई से उसे कुछ लेना देना न था, वह तो स्वत: की रक्षा के लिए जलती आग के पास जाना चाहता था। आदमी ने जोर से सीटी बजाई और हाथ को कोड़े की तरह लहरा कर सपाक... सपाक... आवास

निकाली, परिणामस्वरूप कुत्ता तेजी से घूमा और आदमी के पीछे चलने लगा।

आदमी ने तमाखू का एक टुकड़ा मुँह में रखा और अपनी दाढ़ी को फिर से जमी बर्फ से बढ़ाने का काम शुरू किया। इसके साथ ही उसकी छोड़ी साँस ने उसकी मूँछों भौंहों और बरौनियों पर बर्फीली चादर ओढ़ाना शुरू कर दिया। हेंडरसन के बाईं ओर झरनों का अभाव था, करीब आधेक घंटे तक चलते रहने के बाद भी उसे एक भी झरना नहीं मिला। और फिर...। वहाँ, जहाँ एक भी चिह्न न था, जहाँ ठोस जमी बर्फ दिख रही थी, आदमी का पैर गड्ढे में पड़ा। गड्ढा गहरा न था, फिर भी घुटनों तक वह भीग गया। बमुश्किल वह उस गड्ढे से निकल पाया।

अपने आपसे वह बेहद नाराज था। उसने अपने भाग्य को कोसा। वहाँ उसने छ बजे तक कैंप पहुँचने का निश्चय किया था और अब इस दुर्घटना के परिणामस्वरूप वह एक घंटे देर से पहुँच पाएगा, क्योंकि उसे फिर से आग जलाकर अपने जूतों और पैंट को सुखाना पड़ेगा। इस तापमान में यह अत्यावश्यक था, इतना तो उसे अच्छी तरह पता ही था। वह किनारे की ओर मुड़ा और बर्फ पारकर जमी नदी के तट पर चढ़ गया। छोटे-छोटे स्प्रूस झाड़ों के नीचे उगी झाड़ियों के पास सूखी लकड़ियों से बर्फ पर एक चबूतरा सा बना लिया, ताकि बर्फ का प्रभाव जलती आग पर न पड़े, लकड़ियों के ऊपर उसने छोटी-छोटी लकड़ियाँ व टहनियाँ, फिर बर्च (एक पेड़ विशेष) की छाल के एक टुकड़े को उसने जेब से निकाल कर माचिस की तीली से जलाया। बर्च (जो कागज से भी जल्दी आग पकड़ता है) को लकड़ियों पर रख उस पर सूखी घास और छोटी-छोटी लकड़ियाँ रख दीं।

सारा काम वह पूरी सावधानी से कर रहा था, क्योंकि आग बुझने की पूरी आशंका उसे थी। धीरे-धीरे आग की लौ जैसे-जैसे

बढ़ने लगी, वैसे-वैसे उसने बड़ी और मोटी लकड़ियाँ आग पर रखनी शुरू कर दीं। वह अच्छी तरह जानता था कि उसे असफल नहीं होना है। यदि आदमी के पैर गीले हों और तापमान पचहत्तर डिग्री से नीचे हो तो पहली बार में ही आदमी को आग जलाने में सफलता मिलनी चाहिए। आग न जल पावे और पैर सूखे हों तो आधा मील दौड़कर आदमी रक्त के दौर को बढ़ाकर ठीक कर सकता है। गीले और बर्फ जमते पैरों की गर्मी पचहत्तर डिग्री नीचे के तापमान में दौड़ने से वापिस नहीं लौट सकती। भले ही कितनी ही तेजी से दौड़ा जावे, गीले पैर बजाय गर्म होने के और जल्दी बर्फ से जम जावेंगे।

आदमी को यह अच्छी तरह पता था कि पिछले मौसम में सल्फर खाड़ी में मिले बूढ़े से उसने यह सुन रखा था। आज उसकी दी सलाह उसके काम आ रही थी। मन ही मन उसने उस बूढ़े को धन्यवाद दिया। उसके पैरों के पंजे पूरी तरह बेजान हो चुके थे। आग जलाने के लिए उसे दस्ताने उतारने पड़े थे, जिससे उसकी उँगलियाँ तत्काल सुन्न हो गई थीं। प्रति घंटे चार मील चलने से उसका फेफड़ा तेजी से रक्त को बाहर की ओर तेजी से फेंकता रहा था, लेकिन जैसे ही वह रुकता, फेफड़ों की गति भी धीमी हो जाती। भयंकर शीत का सामना उसके शरीर का रक्त नहीं कर पा रहा था। रक्त भी जीवित था, कुत्ते की तरह जो अपने को शीत से बचाने कहीं छिप जाना चाहता था। जब तक वह चार मील प्रति घंटे की स्पीड से चल रहा था तब तक फेफड़ा किसी तरह ना नुकुर करता हुआ भी रक्त को बाह्य नसों में फेंक रहा था, लेकिन अब वह भी ऊपरी शरीर में आने से बचने के लिए सुकुड़ने लगा था। शरीर के बाह्य हिस्से इसे अच्छी तरह समझ रहे थे। उसके गीले पैर सबसे पहिले सुन्न हो गए। फिर उसकी खुली उँगलियाँ भी तेजी से सुन्न हो गई हालाँकि वे अभी जमी नहीं थीं। नाक और गाल तो पहिले ही जम चुके थे। पूरी त्वचा भी धीरे-धीरे रक्त की कमी से

ठंडी होना शुरू हो गई थी।

किंतु वह सुरक्षित था। पैर की उँगलियाँ, नाक और गाल बर्फ से जमना प्रारंभ ही हुए थे कि इस बीच आग की लपटें तेज होने लगी थीं। वह आग में लगातार उँगलियों की मोटाई की लकड़ियाँ डालता जा रहा था। अगले ही मिनिट में वह कलाई जितनी मोटी लकड़ियाँ डालने लगेगा और तब वह अपना गीला पेंट और गीले जूते उतार सकेगा और जब तक वे आग में सूखेंगे, वह अपने नंगे पैरों में जमी बर्फ को निकालने के बाद आराम से सेकेगा। वह आग जलाने में सफल हो गया था। वह अब सुरक्षित था। उसे फिर सल्फर खाड़ी के उस बूढ़े की सलाह स्मरण हो आई और वह सोच सोचकर मुस्कुराने लगा। उस अनुभवी बूढ़ने ने पचास डिग्री के नीचे तापमान में क्लोन डाइक प्रदेश में एकाकी यात्रा करने को पूरी तरह किया था। पर वह यहाँ था। अकेला था। दुर्घटनाग्रस्त भी हुआ लेकिन उसने अपने आपको बचा लिया था। कुछ पुराने खूसट बूढ़ी औरतों की तरह हो जाते हैं–उसने सोचा। सच यह है कि आदमी को होश दुरुस्त रखना चाहिए बस, फिर सब ठीक होता है। कोई भी आदमी जो वास्तव में आदमी है, निपट अकेले यात्रा कर सकता है। उसे आश्चर्य हुआ कि उसकी नाक और दोनों गाल बहुत तेजी से सुन्न हो रहे हैं। उसे विश्वास नहीं हो रहा था कि उसकी उँगलियाँ इतनी तेजी से सुन्न होंगी। वे बेजान थीं। बमुश्किल वह लकड़ी को पकड़ पा रहा था। उँगलियाँ उसे अपने शरीर से अलग लग रही थीं। क्योंकि वे उसकी आज्ञा मानने में असफल थीं। जब भी वह लकड़ी को पकड़ने की कोशिश करता तो वह गौर से देखता था कि उँगलियों ने लकड़ी को पकड़ा थी है अथवा नहीं। उसके और उँगलियों के बीच जो नसें थीं, वे बहुत दुर्बल हो गई थीं।

फिलहाल उसे इन सबकी विशेष चिंता नहीं थी। सामने अच्छी खासी जलती आग थी, चटकती, लपकती लौ थी जीवन को

आश्वस्त करती। उसने अपने चमड़े के जूतों के फीते को खोलना शुरू किया। फीते बर्फ से जकड़े थे। मोटे जर्मन मोजे लोहे की म्यान की तरह उसके घुटनों तक चढ़े थे। जूते के फीते लोहे की छड़ों की तरह कठोर और उनकी गाँठ अग्नि दाह में जलने के बाद बचे लोहे की तरह थी। कुछ देर बाद उसने अपनी सुन्न उँगलियों से उसे खोलने का प्रयास किया। असफल होने पर अपनी मूर्खता पर स्वत: को झिड़कते हुए उसने चाकू निकाला।

इसके पहिले कि वह फीतों को काटना शुरू करता, वह घटना हो गई। उसकी अपनी गल्ती थी या बुद्धि का अभाव। उसे स्प्रूस के नीचे आग नहीं जलाना चाहिए थी। खुले मैदान में आग जलानी थी उसे। लेकिन वृक्ष के नीचे लगी झाड़ियों से टहनियाँ तोड़कर आग में डालना आसान था यही सोचकर उसने वहाँ आग जलाई थी। आदमी ने यह नहीं देखा कि जहाँ वह आग जला रहा था ठीक उस स्थान के ऊपर वृक्ष की एक बर्फ से लदी शाखा थी। हफ्तों से हवा ठंठ से जमी थी, सो चल नही रही थी। हर शाखा बर्फ के बोझ से दबी हुई थी। डाल तोड़ते हुए हर बार उसने झाड़ को छोड़ा बहुत हिलाया था, हालाँकि उसके अनुसार तोड़ने से कुछ फर्क नहीं पड़ता। लेकिन वृक्ष को तो पड़ ही रहा था, जो विपत्ति के जन्म के लिए पर्याप्त था। ऊपर की एक शाखा ने हिलने से जमी अपनी सारी बर्फ नीचे गिरा दी। बर्फ नीचे की शाखा पर गिरी और इस प्रकार शाखा से प्रशाखा से होती होती पूरे वृक्ष की बर्फ बिना किसी पूर्व सूचना के ज्वालामुखी की तरह आदमी और आग पर गिर पड़ी। आग बुझ गई। जहाँ कुछ देर पहिले आग थी अब वहाँ बेतरतीब बर्फ पड़ी थी।

आदमी इस आघात से हड़बड़ा गया, जैसे उसने अभी-अभी मृत्यु दंड सुना हो। कुछ क्षण तक वहीं बैठा रहा उस स्थान को घूरता जहाँ कुछ देर पहिले आग जल रही थी। फिर उसने घबराहट पर काबू पाया। संभवत: सल्फर खाड़ी का वह खूसट बूढ़ा खूसट

नहीं था, वह पूरी तरह सही था। यदि उसके साथ कोई साथी होता, तो वह अभी भी खतरे से बाहर होता। उसके साथी न उसके स्थान पर आग जला ली होती। पर ऐसा होना संभव न था, उसे ही फिर से आग जलानी होगी, और इस बार किसी भी प्रकार की गलती की संभावना नहीं होना चाहिए। अपने प्रयास में वह सफल हो भी जावे तब भी यह तो निश्चित था कि उसके पैरों की कुछ उँगलियाँ नहीं बचेंगी। उसके पंजे अब तक बुरी तरह सुन्न हो चुके होंगे। दूसरी बार आग पूरी तरह जलाने में कुछ तो समय लगना तय ही था।

ये विचार थे जो उसके मन में उठ रहे थे लेकिन इन पर सोचने-विचारने के लिए वह बैठा नहीं, बल्कि अपने को व्यस्त रखने की सोच रहा था। आग जलाने के लिए उसने जमीन तैयार करना शुरू कर दिया था। स्प्रूस से दूर खुले में जहाँ धोखेबाज वृक्ष आग को बुझा न सके। जमीन तैयार होने पर उसने घूम घूमकर टहनियाँ और सूखी घास इकट्ठी करना शुरू किया। उसकी उँगलियाँ इतनी अकड़ चुकी थीं कि वह उखाड़ नहीं सकता था बस टूटी पड़ी लकड़ियों को मुट्ठी भर कर एकत्र अवश्य कर सकता था। हालाँकि ऐसा करने से उसके हाथ में हरी घास और सड़ी गली टहनियाँ भी उठ कर आ रही थीं, लेकिन फिलहाल वह यही कर सकता था। वह दूरंदेशी से काम कर रहा था। आग जल जाने पर आवश्यक मोटी मोटी डालें भी एकत्र कर ली थीं। इस बीच कुत्ता शांत बैठा आशा भरी निगाहों से उसे काम करता देख रहा था, क्योंकि वहाँ वही था जो उसके लिए आग की व्यवस्था कर सकता था, हालाँकि आग जलने में अभी देर थी।

जब पूरी तैयारी हो गई तो आदमी ने अपनी जेब से बर्च की छाल के टुकड़े को निकालने हाथ डाला। वह जानता था छाल वहाँ है। वह उसे उँगलियों से अनुभव नहीं कर पा रहा था लेकिन उसकी खरखराहट को सुन पा रहा था। उसने बहुत प्रयास किए किंतु वह उसे पकड़ने में असफल हो रहा था। इस बीच उसे इस बात का

अहसास हो रहा था कि तेजी से बीतते पलों के बीच उसके पंजे सुन्न होते जा रहे हैं। इस विचार से उसकी घबड़ाहट बढ़ रही थी। आशंका भरे भय से लड़ते हुए वह अपने को शांत रखे था। उसने दस्ताने दाँत से पकड़ खींच कर निकाले और दोनों हथेलियों को जोर-जोर से पीठ पर मारने लगा। यह उसने बैठे-बैठे किया और फिर खड़े होकर पूरी ताकत से हाथों को चलाना जारी रखा। इस बीच कुत्ता बर्फ पर अपनी भेड़ियों जैसी पूँछ से अपने अगले पंजों को ढके बैठा था। उसके तेज कान सीधे खड़े थे और वह आदमी को एकटक देखे जा रहा था, जो पूरी शक्ति भर अपने हाथों में गर्मी लाने के प्रयास में लगा था। उसे कुत्ते से ईर्ष्या हो रही थी जो प्रकृति जन्य स्वाभाविक झबरे बालों में सुरक्षित बैठा था।

कुछ देर बाद उसे उँगलियों में संवेदना के संकेत मिलने लगे। उँगलियों में उठता हल्का दर्द क्रमशः बढ़ रहा था और फिर असह्य हो उठा, लेकिन दर्द बढ़ने के बावजूद वह संतुष्ट का अनुभव कर रहा था। दाहिने हाथ का दस्ताना उतार उसने जेब से बर्च की छाल निकाली। नंगी उँगलियाँ एक बार फिर सुन्न होनी शुरू हो गई थीं, फिर भी उसने हाथ से जेब से माचिस निकाली, लेकिन भयंकर शीत ने उँगलियों से उनकी कार्यशक्ति समाप्त कर दी थी। माचिस की तीली को दूसरी तीलियों से अलग करने की कोशिश में पूरी तीलियाँ उसके हाथ से बर्फ पर गिर गईं। उसने जब बर्फ से उन्हें उठाने की कोशिश की तो उसने पाया कि यह उसके वश में न था। उँगलियाँ तीलियों को छू तक नहीं पा रही थीं, पकड़ने की बात तो दूर। वह बेहद सावधान था। शून्य होते पैर, नाक और गाल के बारे में न सोचकर उसने पूरी शक्ति माचिस की तीलियों को उठाने में लगा दी। स्पर्श के स्थान पर उसने दृष्टि का प्रयोग करना बेहतर समझा। जब उसने देखा कि उसकी उँगलियाँ तीलियों के बिल्कुल पास हैं तो उसने पूरी शक्ति से उन्हें पकड़ा अर्थात उसने उन्हें पकड़ने की तीव्र इच्छा की, क्योंकि उसके हाथ की नसें दुर्बल

थीं और उँगलियाँ उसकी आज्ञा नहीं मान रही थीं। उसने दाहिने हाथ में दस्ताना डाला और हाथ को घुटने पर जोर जोर से मारना शुरू कर दिया। फिर उसने दस्ताने पहिने ही दोनों हाथों से तीलियाँ बर्फ सहित उठा अपनी गोद में डाल दीं। बहुत प्रयासों के बाद वह तीलियों को दस्ताने भरे हाथों के नीचे कलाई तक ले गया और फिर हाथों को मुँह के पास ले आया। जैसे ही उसने मुँह खोलने की कोशिश की, मुँह पर जमी बर्फ दरकी, लेकिन मुँह नहीं खुला। तब उसने पूरी इच्छाशक्ति एकत्र कर पूरी शक्ति लगाकर अपना मुँह खोल ही लिया। उसने निचले ओंठ को खोला और ऊपरी ओंठ को ऊपर की ओर मोड़कर तीलियों में से एक तीली को दाँतों से पकड़ने की कोशिश की। बमुश्किल वह एक तीली निकालने में सफल हुआ, जिसे उसने गोद में गिरा दिया। उसकी हालत अच्छी न थी। तीली उठाने में वह असमर्थ था। कुछ देर में उसे उपाय सूझा। तीली को एक बार फिर उसने दाँतों से पकड़ा और पैर पर घिसना शुरू किया। लगातार वह पैर पर घिसता रहा, तब कहीं जाकर वह तीली को जला पाया। तीली के जलते ही, दाँतों से पकड़े-पकड़े ही उसने बर्च की छाल को जलाने की कोशिश की। तीली से निकलती लौ से बाहर आती गंधक उसकी नाक से होती उसके फेफड़ों तक पहुँची, फलस्वरूप वह जोर-जोर से खाँसने लगा। परिणामस्वरूप जली तीली बर्फ पर गिर कर बुझ गई।

सल्फर खाड़ी का अनुभवी बूढ़ा सही था, उसे उस निराशा भरे पल याद आया कि पचास के नीचे तापमान पर सहयात्री का होना हितकर रहता है। उसने अपने हाथों को पूरी ताकत से फिर से चलाना शुरू किया लेकिन वे सुन्न पड़े थे। यह देख उसने दाँतों से दोनों दस्ताने खींच कर उतारे। हथेलियों के पिछले भाग से उसने बर्फ में पड़ी माचिस की स्ट्रिप को पकड़ा। उसके हाथों की माँसपेशियाँ अभी हिमाघात से बची थीं, इसलिए उसके हाथ स्ट्रिप को पकड़े रहने में सफल रहे। फिर उसने तीलियों की पूरी स्ट्रिप

को पैरों पर घिसना शुरू कर दिया। वे जल उठीं। सत्तर की सत्तर गंधक भरी तीलियाँ एक साथ। लौ को बुझाने वहाँ हवा थी ही नहीं। जलती गंधक से बचने के लिए उसने अपने सिर को दूसरी ओर घुमा लिया और जलती तीलियों को छाल के पास ले गया। जब वह यह कर रहा था तब उसने अपने हाथों में जान की सनसनी लौटती महसूस की। उसका माँस जल रहा था, वह सूँघ सकता था। अपनी भीतर वह कहीं अनुभव कर रहा था। जान दर्द में परिवर्तित हुई और फिर दर्द असह्य होने लगा। दर्द के बाद भी वह उसे सहता रहा क्योंकि जलती तीलियों से अभी बर्च की छाल ने आग नहीं पकड़ी थी, क्योंकि छाल और आग की लौ के बीच उसका अपना जलता हाथ था, जो अधिकांश लौ को घेरे था।

जब दर्द उसकी सहनशक्ति के बाहर हो गया तो उसने अपने जुड़े हाथों को अलग कर लिया। जलती तीलियाँ बर्फ में सिसकती हुई गिरीं, लेकिन इस बीच बर्च की छाल ने आग पकड़ ली थी। सूखी घास और छोटी लकड़ियाँ उसने उस पर रखना शुरू कर दिया। चुन-चुनकर उठाकर रखने की स्थिति में वह नहीं था, क्योंकि वह हथेलियों से ही उठाने की स्थिति में था। टहनियों के साथ हरी घास और काई लगी लकड़ी भी चिपकी थी, जिसे वह दाँतों से खींचकर निकालने की कोशिश कर रहा था। अनाड़ीपन मिली सावधानी से वह आग को सुरक्षित रखने में व्यस्त था। वह जीवन ज्योति थी और किसी भी कीमत पर उसे बुझना नहीं चाहिए था। इस बीच शरीर की ऊपरी सतह में रक्त प्रवाह के कम हो जाने से वह काँपने लगा था। जलती हुई उस छोटी-सी आग में अचानक हरी काई का बड़ा हिस्सा गिरा। उसने उँगलियों से उसे दूर करने का भरसक प्रयास किया, लेकिन उसके काँपते शरीर ने हाथों को कुछ अधिक ही धक्का दे दिया, जिससे आग की लौ का केंद्र बिखर गया। जलती घास और जलती छोटी लकड़ियाँ

तितर-बितर हो गईं। उसने उन्हें पास लाने की शक्ति भर कोशिश की लेकिन काँपती देह ने बिखरी जलती लकड़ियों को और बिखरा दिया। जलती लकड़ियाँ धीरे-धीरे बुझने लगीं और कुछ ही पलों में उनमें से लौ की जगह धुआँ निकलने लगा और वे बुझ गईं। अग्नि प्रबंधक असफल हो चुका था। उसने चारों ओर घोर निराशा में डूबते हुए तिनके की आशा में देखा। उसकी दृष्टि कुत्ते पर पड़ी जो बिखरी आग के पास बर्फ में परेशानहाल पीठ उठाए अपने सामने के दोनों पंजों को एक के बाद दूसरे को उठा रहा था। एक पैर से दूसरे पर वजन डालता वह उम्मीद लगाए बैठा था।

कुत्ते को देख उसके मन में एक असामान्य विचार कौंधा। उसे अचानक बर्फीले तूफान में फँसे उस आदमी की कहानी याद हो आई, जिसने एक हिरन को मारकर उसकी खाल ओढ़ कर अपने प्राण बचाए थे। वह भी तो कुत्ते को मारकर उसकी गर्म मृत देह में अपने हाथ डालकर उनमें पुनः रक्त संचार कर सकता है। यदि एक बार हाथ गर्म हो जाएँ तो दोबारा आग जलाना बहुत आसान हो जावेगा। उसने कुत्ते को आवाज दी, लेकिन उसकी आवाज में कुछ ऐसा भय व्याप्त था जिससे कुत्ता डर कर सहम गया। क्योंकि उसने आदमी की ऐसी आवाज कभी नहीं सुनी थी। कहीं न कहीं कुछ गड़बड़ है, उसकी संदेह वृत्ति को खतरे का अहसास होने लगा। वह यह नहीं जानता था कि उसे किससे डरना है, लेकिन उसके मस्तिष्क में आदमी के प्रति संदेह को जन्म दे दिया। उसने आदमी की आवाज पर अपने दोनों कान सीधे खड़े कर लिए। उसका हिलना-डुलना, अगले पंजों को बारी-बारी से उठाना गिराना तेजी से होने लगा। किंतु आदमी के पास जाने की उसने कोई कोशिश नहीं की। आदमी घुटनों और हाथों के बल बैठ गया और धीरे-धीरे उसने कुत्ते की ओर चलना शुरू कर दिया। आदमी की इस विचित्र चाल से कुत्ते का संदेह और बढ़ गया। वह आदमी से धीरे-धीरे दूर खिसकने लगा।

आदमी ने कुछ देर तक बर्फ में बैठ अपने को शांत करने की कोशिश की। अपने दाँतों से एक बार फिर उसने दस्ताने पहिने और खड़ा हो गया। खड़े हो उसने यह देखने की कोशिश की, कि क्या वह वास्तव में खड़ा है, क्योंकि उसके पैरों की निर्जीवता ने उसे धरती से दूर कर दिया था। आदमी के खड़े हो जाने से कुत्ते के मन में उठ रही संदेह की तरंगें शांत हो गईं और जब उसने हंटर से निकलती सपाक... सपाक... की आवाज सुनी तो वह निश्चिंत हो गया और उसके पास आ गया। जैसे ही कुत्ता उसकी पकड़ की जद में आया, आदमी के पैरों ने साथ छोड़ दिया। गिरते-गिरते उसके हाथों ने कुत्ते को पकड़ने की कोशिश की। उसे यह देखकर आश्चर्य हुआ कि उसके हाथ पकड़ने में पूरी तरह असमर्थ हैं। उसके दोनों हाथ और उँगलियाँ पूरी तरह सुन्न हैं। एक क्षण को वह भूल गया कि वे बर्फ से पूरी तरह जम चुकी हैं। यही नहीं उनका वजन भी क्रमशः बढ़ता जा रहा है जो लगातार मृत होते जाने का सूचक है। यह सब कुछ ही पल में हो गया और इसके पहिले कि कुत्ता उसकी जद से बाहर भागे, उसने उसे अपनी बाँहों में भर लिया। वह वहीं बर्फ पर कुत्ते को पकड़ कर बैठ गया, जबकि कुत्ता उससे काँय...काँय... कर छूटने की कोशिश कर रहा था।

फिलहाल वह यही कर सकता था कि उसके शरीर को अपने हाथों में घेर कर वहीं बैठा रहे। उसको विश्वास हो चुका था कि वह कुत्ते को मार नहीं सकता। मारने का कोई भी तरीका उसके पास नहीं था। वह अपने रक्तहीन, बेजान हाथों से न तो चाकू पकड़ सकता था न ही उसे बैंट से खोल ही सकता था और न ही अपने हाथों से कुत्ते का गला ही घोंट सकता था। उसने उसे छोड़ दिया। हाथों का घेरा हटते ही कुत्ता तेजी से कूदकर दुम दबाकर काँय...काँय... करता भागा। चालीस फीट दूर जाकर उसने आदमी को आश्चर्य से देखा। उसके कान सीधे खड़े थे।

आदमी ने अपने हाथों को ढूँढ़ने के लिए नीचे देखा। उसने उन्हें कंधों से लटका पाया। उसे आश्चर्य हुआ कि अपने हाथों के होने को देखने के लिए आँखों का उपयोग करना पड़ रहा है। हाथों को उसने तेजी से हिलाना शुरू कर दिया, साथ ही दस्ताने में फँसी हथेलियों को जोर-जोर से पीठ पर मारने लगा। वह पाँचेक मिनिट तक पूरी शक्ति से तब-तक यह करता रहा, जब तक उसके फेफड़ों ने रक्त प्रवाह बढ़ा कर शरीर का कंपन बंद नहीं किया। इसके बाद भी उसके हाथों में जान का जरा-सा भी आभास नहीं हुआ। उसे लगा जैसे उसके कंधों से वजन लटका है। इस अहसास को उसने अपने भीतर से दूर करना चाहा, लेकिन वह इसमें सफल नहीं हुआ। वह बना रहा।

एक धुँधली-सी मृत्यु का भय उसके अंदर अचानक जाग गया। यह भय उँगलियों और पंजे के शीत से जमने का नहीं, हाथ और पैर खोने का ही नहीं, वरन् जीवन और मृत्यु के बीच घटते फासले का था। उसके पास बचने के अवसर बिल्कुल भी नहीं हैं। आतंकित हो वह तेजी से मुड़ा और धुँधली पगडंडी पर दौड़ने लगा। उसे दौड़ते देख कुत्ता भी उठा और उसके पीछे-पीछे दौड़ने लगा। आदमी आतंकित हो अंधों की तरह तेजी से दौड़ रहा था। जीवन में इसके पूर्व वह कभी इतना भयभीत नहीं हुआ था। बर्फ पर दौड़ते हुए जब उसका भय कुछ कम हुआ तो उसे अपने आसपास सब कुछ दिखने लगा-बर्फीली नदी का तट, बीच-बीच में पड़े लकड़ी के ठूंडे, पत्तीविहीन एस्पन वृक्ष और आकाश। दौड़ने से उसमें कुछ विश्वास लौटा। अब वह काँप नहीं रहा था। उसे लगा यदि वह लगातार दौड़ता रहे तो हो सकता है उसके बर्फीले पैरों से बर्फ पिघल कर बह जाए, और फिर दौड़कर वह लड़कों के पास कैंप भी तो पहुँच सकता है। उसे पूरा विश्वास था कि वह हाथ पैरों की कुछ उँगलियों के साथ अपने चेहरे का भी कुछ हिस्सा खो देगा, लेकिन कैंप में लड़के उसे बचा लेंगे। इस विचार के

साथ ही एक दूसरा विरोधी विचार उसके मन में उठ रहा था, वह कभी भी, किसी भी हालत में कैंप में लड़कों के पास नहीं पहुँच सकेगा। कैंप मीलों दूर था तथा देह का जमना शुरू हो चुका है और थोड़ी देर में वह पूरी तरह पत्थर हो जावेगा और मर जावेगा। इस दूसरे विचार को वह फिलहाल पीछे रखे था। और उस पर अधिक सोचना नहीं चाहता था। लेकिन यह विचार पूरी शक्ति से आगे आना चाहता था, लेकिन हर बार वह उसे पीछे धकेल कर कुछ और सोचने लगता था।

उसे अपने लगातार दौड़ते रहने पर आश्चर्य हो रहा था। आखिर ये वही पैर थे जो इतने बेजान हो चुके थे कि जिन पर खड़े होना भी उसके वश में न था और वह बर्फ पर गिर गया था। दौड़ते हुए भी उसे यही लग रहा था कि वह वास्तव में हवा में चल रहा है और उसका धरती से कोई संबंध नहीं है। उसने कभी बहते पारे को देखा था उसे आश्चर्य हुआ कि पारे को धरती पर बहते हुए कुछ ऐसा ही अनुभव हुआ होगा जैसा वह अनुभव कर रहा है।

कैंप में लड़कों के पास, दौड़कर पहुँचने के उसके सिद्धांत में सबसे बड़ा दोष यह था कि उसके पास उतनी सहनशक्ति शेष नहीं थी। कई बार वह डगमगाया, लड़खड़ाया और फिर अंत में गिर गया। उसने जब उठने का प्रयास किया तो उससे उठते नहीं बना। उसे कुछ देर बैठकर आराम करना चाहिए। उसने निश्चय किया कि अगली बार बजाए दौड़ने के वह केवल चलेगा, बिना रुके चलता रहेगा। बैठे-बैठे जब उसकी साँस सम हुई तो उसने अपने आपको तरोताजा और ऊर्जा से भरा पाया। अब वह काँप नहीं रहा था। उसे अपनी सीने और पेट में पर्याप्त गर्मी भी लग रही थी। इसके बाद भी जब उसने गालों और नाक को छुआ तो वे पूरी तरह जमे और बेजान थे। दौड़ने मात्र से उनमें रक्त संचार नहीं होने वाला और न ही हाथ पैरों की गलन कम होने वाली है। तभी उसके मन में विचार कौंधा-कहीं शरीर के गलने की मात्रा बढ़ तो नहीं रही

है। उसने इस विचार को दबाने के लिए कुछ और सोचना शुरू किया। वह आतंकित होने से बचना चाहता था, क्योंकि आतंक का परिणाम वह देख चुका था। किंतु यह विचार बना रहा, तब-तक जब-तक उसके सामने अपनी बर्फ से पूरी तरह जम चुकी देह की कल्पना को उसने साकार नहीं कर दिया। यह बकवास है! पूरी तरह बेवकूफी भरी बकवास। इस पगलाने वाले विचार से बचने के लिए बदहवासी में वह पगडंडी पर फिर से दौड़ने लगा। बीच में थक जाने पर वह रुका, लेकिन फिर वही बर्फीली देह आँखों के आगे आ गई। वह फिर दौड़ने लगा।

उसकी इस सारी भागदौड़ में कुत्ता उसके पीछे-पीछे बराबरी से चल रहा था, दौड़ रहा था। जब वह दूसरी बार गिरा तो कुत्ता उसके सामने अपनी पूँछ से अगले पंजों को ढककर उसे उत्सुकता से देखता बैठा रहा। कुत्ते को निश्चिंत और सुरक्षित देख वह क्रोध से उफन पड़ा और कुत्ते को गालियाँ तब तक बकता रहा, जब तक कुत्ते ने अपना सिर बर्फ से सटाकर अपने दोनों कान फैला नहीं दिए। इस बार आदमी में ठंड से काँपना जल्दी शुरू हो गया। बर्फ से हो रहे इस युद्ध में वह पराजित हो रहा था। शीत अपने हिम बाणों से उसके पूरे शरीर पर लगातार आक्रमण कर रही थी। पराजय का विचार आते ही वह डगमगा कर उठा और दौड़ने लगा। बमुश्किल वह सौ फिट ही दौड़ पाया होगा कि वह फिर लड़खड़ाया और सिर के बल गिर गया। यह उसका अंतिम प्रयास था। जब उसकी साँस बराबर हुई और उसने अपने पर काबू पा लिया तो वह किसी तरह बैठ गया और उसने पूरी गरिमा के साथ मृत्यु का सामना करने के बारे में सोचना शुरू कर दिया। हालाँकि गौरवपूर्ण मृत्यु का विचार सरलता से मन में न तो उठा और न ही उसे सहजता से उसने स्वीकारा। उसके मन में दरअसल यह विचार आया कि गर्दन कटी मुर्गी की तरह व्यर्थ दौड़कर वह अपने को केवल मूर्ख बना रहा है। बिना सिर की मुर्गी की उपमा ही उसे

अपने भागने पर सही लगी। बहरहाल सच यही था कि उसका बर्फ का शिलाखंड हो जाना निश्चित है। अतः इस हिमानी मृत्यु को ढंग से ही स्वीकारना चाहिए। मन में उठे इस शांतिप्रद विचार के साथ ही उसे नींद का हल्का सा झोंका आया। नींद में मौत उसे एक सद्विचार लगा। यह एक प्रकार से एनस्थेशिया (बेहोशी का इंजेक्शन) लेना था। बर्फ में जम जाना उतना कष्टप्रद अथवा बुरा नहीं है, जितना लोग कहते हैं, उसने सोचा। इससे कहीं अधिक घटिया और दुखदायी रास्ते हैं मृत्यु के पास जाने के।

उसने अपनी मृत देह को ढूँढ़ते लड़कों को देखा। उसने अपने को अचानक उनके बीच पाया, जो पगडंडी पर उसे खोजते चले आ रहे थे। उनके साथ वह भी अपने शव की खोज में शामिल था। चलते-चलते उन्हें एक मोड़ मिला और वहीं मोड़ के बाद उसने अपने को बर्फ पर पड़े देखा। वह अपनी देह के साथ नहीं था। उसकी देह उसकी नहीं थी। वह देह से अलग उन लड़कों के साथ खड़ा अपनी देह को बर्फ में पड़ा देख रहा था। ठंड बहुत अधिक है, का विचार उसके मन में उस क्षण था। जब वह लौटकर अपने घर जाएगा तो लोगों को वास्तविक ठंड क्या होती है, बतलाएगा। वहाँ से बहते हुए वह सल्फर खाड़ी के अनुभवी बूढ़े के सामने पहुँच गया। वह उसे स्पष्ट देख रहा था। बूढ़ा आराम से पाइप पीता, गर्म कपड़ों की गर्माहट में आराम से था।

"तुम बिल्कुल सही थे, बुढ़ऊ, तुम दरअसल सही थे", उसने

फुसफुसाकर सल्फर खाड़ी के बूढ़ से कहा।

और फिर आदमी को जोर से नींद का झोंका आया, जो उसके जीवन की सर्वाधिक संतोषप्रद और आरामदायक नींद थी। कुत्ता उसके सामने प्रतीक्षा में बैठा था। धीरे-धीरे बचा खुचा शेष दिन शाम में बदल गया। आग जलाने की वहाँ कोई कोशिश नहीं हो रही थी। कुत्ते ने किसी भी आदमी को इतनी देर तक, इस तरह बर्फ पर बैठे नहीं देखा था, जो आग जलाने का कोई प्रयास नहीं कर रहा हो। शाम जब गहराने लगी, तब आग की जरूरत महसूस करते कुत्ता अपने अगले पैरों को उठा-उठाकर गुर्राने लगा। आदमी उसे डाँटेगा इस उम्मीद में उसने अपने कान धरती पर फैला दिए, लेकिन आदमी शांत रहा। कुछ देर बाद कुत्ते ने जोर-जोर से भौंकना शुरू कर दिया। कुछ समय बाद वह आदमी के पास पहुँचा और तब उसे मृत्यु की गंध आई। मृत्यु को देख वह उल्टे पाँवों पीछे लौटा। कुछ देर बाद चमकते तारों भरे ठंडे आकाश के नीचे उसने आकाश की ओर मुँह करके जोर-जोर से रोना शुरू कर दिया। फिर वह मुड़ा और कैंप की ओर जाने वाली पगडंडी पर चलने लगा जहाँ उसे आग और भोजन देने वाले उपस्थित थे।

OO

मैक्सिकन

एक

उसके पिछले जीवन के बारे में कोई नहीं जानता था–विद्रोही दल के वे नेता तो सबसे कम जानते थे। उनके लिए वह एक रहस्य था पर उनकी नजर में वह देशभक्त भी था और मेक्सिको में आनेवाली क्रान्ति के लिए वह भी उतनी ही कड़ी मेहनत कर रहा था जितनी कि वे। उन्होंने इस बात को देर से पहचाना क्योंकि नेताओं की मण्डली में से कोई भी उसे पसन्द नहीं करता था। जिस दिन वह पहली बार उनके भीड़भरे, व्यस्त कमरों में आया था, उन सबने उस पर जासूस होने का सन्देह किया था–उन्हें लगा था कि वह भी दियाज की सीक्रेट सर्विस के भाड़े के लोगों में से एक है। उनके बहुत से साथी अमेरिकाभर में बिखरी सिविल और सैनिक जेलों में कैद थे और उस वक्त भी बहुतेरे अन्य साथी जंजीरों में जकड़े सीमापार ले जाये जा रहे थे जहाँ उन्हें कच्ची ईंटों की दीवारों के सामने खड़ा करके गोली मार दी जाती थी।

पहली नजर में उस लड़के ने उन पर अच्छा असर नहीं छोड़ा। वह लड़का ही था, वह अठारह से ज्यादा का नहीं होगा और उम्र के लिहाज से उसका शरीर ज्यादा बड़ा नहीं था। उसने कहा कि वह फेलिपे रिवेरा है और क्रान्ति के लिए काम करना चाहता है। बस इतना ही–एक भी फालतू शब्द नहीं, आगे कुछ और बताने की कोशिश भी नहीं। वह खड़ा जवाब का इन्तजार कर रहा था। उसके होंठों पर कोई मुस्कान नहीं थी, न ही आँखों में खुशमिजाजी। लम्बे-तगड़े, तेज-तर्रार पौलिनो वेरा को अपने भीतर हल्की-सी

सिहरन महसूस हुई। यह कुछ अशुभ, भयावह, अबूझ-सी चीज थी। लड़के की काली आँखों में कुछ जहरीला और साँप-जैसा था। वे ठण्डी आग की तरह जल रही थीं, जैसे उनमें अथाह, सघन कड़वाहट सुलग रही हो। उसकी नजरें षड्यंत्रकारियों के चेहरों से उस टाइपराइटर तक कौंध गयीं जिस पर दुबली-पतली मिसेज सेदबी बड़ी लगन से जुटी हुई थी। उसकी आँखें एक पल के लिए उन पर टिकीं-उन्होंने उसी वक्त नजर उठाई थी-और उन्हें भी उस अजीब सी चीज का अहसास हुआ; उनकी उँगलियाँ अपने आप रुक गयीं। खत की टाइपिंग जारी रखने के लिए उन्हें एक बार पीछे तक पढ़ना पड़ा।

पौलिनो वेरा ने सवालिया निगाह से अरेलानो और रामोस की ओर देखा और उन्होंने सवालिया निगाहों से उसे और एक-दूसरे को देखा। सन्देह से उपजा अनिर्णय उनकी आँखों में झलक रहा था। यह नाजुक सा लड़का 'अज्ञात' था, 'अज्ञात' की सारी आशंकाएँ मानो उसमें समाई हुई थीं। उसे पहचाना नहीं जा सकता था, वह ईमानदार, साधारण क्रान्तिकारियों की दृष्टिसीमा से परे की कोई चीज जान पड़ता था। दियाज और उसकी तानाशाही से ये क्रान्तिकारी बस ईमानदार और साधारण देशभक्तों के रूप में जबर्दस्त नफरत करते थे। लेकिन यहाँ उनके सामने कुछ और था, वे नहीं जानते थे कि यह क्या हैं। हमेशा ही सबसे आवेगमय, सबसे जल्दी हरकत में आनेवाले वेरा ने चुप्पी तोड़ी।

"ठीक है", उसने ठण्डे लहजे में कहा। "तुम कहते हो कि तुम क्रान्ति के लिए काम करना चाहते हो। अपना कोट उतारो। इसे वहाँ टाँग दो। मैं तुम्हें बताता हूँ, आओ-बाल्टी और पोछा कहाँ है? फर्श गन्दा है। तुम यहाँ से शुरू करो और फिर सारे कमरों के फर्श रगड़कर साफ कर डालो। उगलदान भी गन्दे हो गये हैं। इसके बाद खिड़कियाँ साफ करनी हैं।"

"ये सब क्रान्ति के लिए है?" लड़के ने पूछा।

"ये सब क्रान्ति के लिए है," वेरा ने जवाब दिया।

रिवेरा ने उन सब पर सन्देह से भरी एक ठण्डी नजर डाली, फिर अपना कोट उतारने लगा।

"ठीक है," उसने कहा।

बस और कुछ नहीं। रोज-ब-रोज वह अपने काम पर आता था-झाड़ू लगाता था, पोछा करता था, सफाई करता था। वह अँगीठियों की राख निकालकर फेंकता था, कोयला और लकड़ी की छिपटियाँ लाता था और उनमें से सबसे ऊर्जावान व्यक्ति के अपनी मेज पर पहुँचने से पहले ही अँगीठियाँ सुलगा चुका होता था।

"क्या मैं यहाँ सो सकता हूँ?" एक बार उसने पूछा।

ओ-हो! तो ये बात है-आखिर दियाज का हाथ नजर आ ही गया! जुन्ता' के कमरों में सोने का मतलब था उनकी तमाम खुफिया जानकारियों तक सीधी पहुँच-लोगों के नामों की सूचियाँ, मेक्सिकन धरती पर मौजूद तमाम कामरेडों के पते, सब उसके हाथ में पड़ जाते। अनुरोध ठुकरा दिया गया, और रिवेरा ने दुबारा कभी इसका जिक्र नहीं किया। वह कहाँ सोता था इसके बारे में वे नहीं जानते थे और न ही उन्हें मालूम था कि वह कहाँ खाता है और कैसे खाता है। एक बार अरेलानो ने उसे एक-दो डालर देने चाहे। रिवेरा ने सिर हिलाकर पैसे लेने से इनकार कर दिया। जब वेरा ने भी जोर देकर उसे पैसे लेने के लिए कहा, तो उसने कहा:

"मैं क्रान्ति के लिए काम कर रहा हूँ।"

आधुनिक क्रान्ति की तैयारी में पैसों की जरूरत होती है, और जुन्ता के हाथ हमेशा ही तंग रहते थे। सभी सदस्य आधा पेट खाते थे और दिनो-रात काम में जुटे रहते थे, फिर भी ऐसे मौके आते थे जब लगता था कि क्रान्ति का टिके रहना या असफ़ल हो जाना बस चन्द डालरों की बात है। एक बार, और यह पहली बार था, जब मकान का किराया दो महीने से बाकी था और मकानमालिक उन्हें बाहर करने की धमकी दे रहा था, तो इसी फेलिपे रिवेरा, घटिया फटे-चिथड़े कपड़ों में लिपटे पोछेवाले लड़के ने मे सेदबी की मेज पर साठ डालर के सोने के सिक्के लाकर रख दिये थे।

फिर और भी मौके आये। हमेशा व्यस्त रहने वाले टाइपराइटरों पर लिखे तीन सौ खत भेजे जाने के लिए पड़े हुए थे, पर डाक टिकट के पैसे नहीं थे। (इनमें मदद की, संगठित मजदूर ग्रुपों से अनुदान की अपीलें थीं, अखबारों के सम्पादकों के नाम खत और विज्ञप्तियाँ थीं और अमेरिकी अदालतों में क्रान्तिकारियों के साथ निरंकुश बर्ताव के खिलाफ विरोध के पत्र थे।) वेरा की घड़ी बिक चुकी थी–पुराने फैशन की सोने की यह घड़ी उसके बाप की थी। मे सेदबी की तीसरी उँगली से सोने की अँगूठी भी जा चुकी थी। हालात बदहवासी के थे। रामोस और अरेलानो हताशा में अपनी लम्बी मूँछें खींचते रहते थे। चिट्ठियाँ हर हाल में भेजी जानी थीं, और डाकघरवाले उधार पर टिकट देने को तैयार नहीं थे। उस वक्त भी रिवेरा ने टोप सिर पर रखा और बाहर निकल गया। जब वह लौटा तो उसने मे सेदबी की मेज पर दो सेण्टवाले एक हजार टिकट रख दिये।

"मैं सोचता हूँ कि कहीं यह सोना दियाज का तो नहीं है?" वेरा ने साथियों से कहा।

उन्होंने त्योरियाँ चढ़ा लीं पर कुछ तय नहीं कर पाये। और क्रान्ति के लिए पोछा लगानेवाला फेलिपे रिवेरा मौका पड़ने पर जुन्ता के इस्तेमाल के लिए सोना और चाँदी लाता रहा।

और फिर भी वे उसे पसन्द नहीं कर पा रहे थे। वे उसे जानते नहीं थे। उसके तौर-तरीके उन जैसे नहीं थे। वह विश्वास नहीं जगाता था। उसके बारे में जानकारी पाने की सारी कोशिशें उसके ठण्डे रुख से नाकाम हो जाती थीं। वह बस लड़का ही था, फिर भी वे उससे पूछताछ करने की हिम्मत नहीं जुटा पाते थे।

"शायद वह एक महान और एकाकी आत्मा है; पता नहीं, मैं समझ नहीं पाता, कुछ नहीं समझ पाता," अरेलानो ने झुँझलाकर कहा।

"वह इनसान नहीं है," रामोस बोला।

"उसकी आत्मा दाग दी गयी है," मे सेदबी ने कहा। "हँसी-खुशी

तो उसके भीतर जैसे झुलस चुकी है। वह मरे हुओं जैसा है, फिर भी वह इस कदर जिन्दा है कि डर लगता है।"

"वह जहन्नुम से होकर गुजरा है," वेरा ने कहा। "कोई भी इनसान ऐसा नहीं दिख सकता, अगर वह जहन्नुम से न गुजरा हो-और वह तो अभी लड़का ही है।"

फिर भी वे उसे पसन्द नहीं कर पाते थे। वह कभी बातें नहीं करता था, कभी कुछ पूछता नहीं था, कभी सलाह नहीं देता था। जब वे क्रान्ति पर गर्मजोशी से बातें करते थे, तो वह चुपचाप खड़ा सुनता रहता था; उसका चेहरा भावहीन होता था, जैसे मृत हो, बस उसकी आँखों में ठण्डी आग सुलगती रहती थी। बर्फ के दमकते बर्मों-सी भेदती उसकी नजरें एक-एक वक्ता के चेहरे पर फिरती रहती थीं जिससे वे परेशान और विचलित हो जाते थे।

"वह कोई जासूस नहीं है," एक बार वेरा ने मे सेदबी से अपने दिल की बात कही। "वह एक देशभक्त है-यकीन मानो, हम सबसे बढ़कर देशभक्त है। मैं जानता हूँ, मैं यह महसूस करता हूँ, यहाँ, अपने दिल में और अपने दिमाग में मैं यह महसूस करता हूँ। लेकिन मैं उसे बिल्कुल समझ नहीं पाता हूँ।"

"वह गर्म मिजाज का है," मे सेदबी ने कहा।

"मैं जानता हूँ," वेरा ने हल्की-सी सिहरन के साथ कहा। "वह मेरी ओर अपनी उन आँखों से देखता है। उनमें प्यार नहीं होता, वे डराती हैं; वे जंगली बाघ की तरह हिंस्र लगती हैं। मैं जानता हूँ, अगर मैंने लक्ष्य के साथ गद्दारी की, तो वह मुझे मार डालेगा। उसके पास दिल नहीं है। वह फौलाद की तरह निर्मम है, बर्फ की तरह ठण्डा और पैना है। वह सर्दियों की रात में उस चाँदनी की तरह है जिसके देखते कोई इनसान पहाड़ की निर्जन चोटी पर जमकर मर जाता है। मैं दियाज और उसके तमाम हत्यारों से नहीं डरता; लेकिन यह लड़का, इससे मुझे डर लगता है। मैं सच कहता हूँ तुम्हें। उससे मौत की गन्ध आती है।"

फिर भी यह वेरा ही था जिसने दूसरों को रिवेरा पर भरोसा

करने के लिए राजी किया। लॉस एंजलिस और लोअर कैलिफोर्निया के बीच सम्पर्क सूत्र टूट गया था। तीन साथियों से खुद अपनी कब्र खुदवाकर उन्हें उसी में गोली मार दी गयी थी। दो अन्य लॉस एंजलिस में अमेरिकी सरकार के कैदी थे। संघीय कमाण्डर जुआन अल्वरादो एक राक्षस था। उनकी सारी योजनाएँ वह नाकाम कर देता था। लोअर कैलिफोर्निया के सक्रिय और नये जुड़ रहे क्रान्तिकारियों तक अब उनका पहुँचना मुमकिन नहीं रह गया था।

रिवेरा को कुछ निर्देश दिये गये और दक्षिण रवाना कर दिया गया। जब वह लौटा, तो सम्पर्क सूत्र बहाल हो चुका था और जुआन अल्वरादो मर चुका था। वह अपने बिस्तर में मरा पाया गया था, उसके सीने में मूठ तक चाकू धँसा हुआ था। यह रिवेरा को दिये गये निर्देशों से ज्यादा था, लेकिन जुन्ता के लोग जानते थे कि वह कब-कब कहाँ-कहाँ गया था। उन्होंने उससे पूछा नहीं। उसने कुछ कहा नहीं। लेकिन वे एक-दूसरे की ओर देखते और कयास लगाते रहे।

"मैंने कहा था न," वेरा ने कहा। "यह लड़का दियाज के लिए किसी से भी ज्यादा खतरनाक है। उसे शान्त नहीं किया जा सकता। वह खुदा का हाथ है।"

मे सेदबी ने जिस गर्म मिजाज की बात की थी, और जिसे सब महसूस करते थे, उसके अब शारीरिक प्रमाण मिलने लगे थे। कभी उसका ऊपरी होंठ कटा होता, कभी गाल पर नीला दाग होता या कान सूजा हुआ होता। साफ था कि उस बाहरी दुनिया में वह लड़ता-भिड़ता रहता है जहाँ वह खाता और सोता था, पैसे हासिल करता था और इस ढंग से जीता था जिससे वे अनजान थे। समय बीतने के साथ, वह उनके छोटे-से क्रान्तिकारी साप्ताहिक अखबार के लिए टाइप सेट करने का भी काम करने लगा था। कई बार ऐसे मौके आते जब वह टाइप सेट नहीं कर पाता क्योंकि उसकी उँगलियों की गाँठों पर घाव होते थे, या उसके अँगूठे चोट से बेकार हो जाते या फिर उसकी एक बाँह बेजान-सी लटकी रहती जबकि

उसका चेहरा दर्द से खिंचा रहता-यह अलग बात है कि उसकी जुबान से उफ भी नहीं निकलती थी।

"आवारा छोकरा!" अरेलानो ने कहा।

"गन्दी जगहों पर जाता होगा," रामोस का कहना था।

"लेकिन उसे पैसे कहाँ से मिलते हैं?" वेरा ने पूछा। "आज ही, बल्कि अभी-अभी मुझे पता चला है कि उसने कागज का बिल चुका दिया है-एक सौ चालीस डालर।"

"बीच-बीच में वह गायब रहता है," मे सेदबी ने कहा। "वह कभी नहीं बताता कि इस बीच कहाँ रहा।"

"हमें उसके पीछे जासूस लगाना चाहिये," रामोस ने विचार व्यक्त किया।

"मैं तो वह जासूस नहीं होना चाहूँगा," वेरा ने कहा। "मुझे डर है कि तुम लोग मुझे दुबारा कभी नहीं देख पाओगे, सीधे दफनाने के समय ही देखोगे। उसके भीतर भावनाओं का जबर्दस्त उबाल है। उसकी भावनाओं की राह में आने की इजाजत तो खुदा भी नहीं देगा।"

"उसके सामने मैं खुद को बच्चे-जैसा महसूस करता हूँ," रामोस ने स्वीकार किया।

"मेरे लिए तो वह साक्षात शक्ति है-वह आदिम शक्ति है, जंगली भेड़िया है, फन मारता रैटलस्नेक है, डंक मारता बिच्छू है," अरेलानो ने कहा।

"वह साक्षात क्रान्ति है," वेरा ने कहा। "वह इसकी लौ है, इसकी आत्मा है; बदले की कभी न शान्त होनेवाली पुकार है जो आवाज नहीं करती मगर चुपचाप वध करती है। वह रात की खामोशी में निकलनेवाला मौत का फरिश्ता है।"

"मुझे उस पर रोना आता है," मे सेदबी ने कहा। "वह किसी को नहीं जानता। वह सबसे नफरत करता है। वह हमें बर्दाश्त करता है क्योंकि हम उसकी मुराद पूरी करने का जरिया हैं। वह अकेला

है-बिल्कुल अकेला।" सिसकी रोकने की कोशिश में उसकी आवाज खो गयी और उसकी आँखें धुँधला गई।

रिवेरा के तौर-तरीके और उसके आने-जाने का समय वाकई रहस्यमय थे। कभी-कभी वह उन्हें एक हफ्ते तक नहीं दिखाई देता था। एक बार, वह पूरे महीने भर गायब रहा। ऐसे मौकों पर उसकी वापसी हमेशा ही सुखद होती थी क्योंकि वह बिना दिखावे के या बिना कुछ बोले मे सेदबी की मेज पर सोने के सिक्के रख देता था। इसके बाद वह कई दिनों और हफ्तों तक अपना सारा समय जुन्ता के साथ गुजारता था। लेकिन फिर, वह बीच-बीच में सुबह से दोपहर बाद तक गायब रहने लगता था। ऐसे मौकों पर वह काफी जल्दी आ जाता था और देर रात तक रुकता था। अरेलानो ने एक बार उसे आधी रात को सूजी हुई उँगलियों से टाइप सेट करते पाया था, या शायद उसका होंठ भी फटा हुआ था जिससे अब भी खून चुहचुहा रहा था।

दो

संकट का समय आ पहुँचा था। क्रान्ति होगी या नहीं यह अब जुन्ता पर निर्भर था और जुन्ता बेहद दबाव में थी। पैसे की तंगी पहले हमेशा से ज्यादा थी, पर पैसे जुटाना और भी मुश्किल हो गया था। देशभक्तों ने अपनी आखिरी कौड़ी भी दे दी थी और अब कुछ नहीं दे सकते थे। रेल मार्गों के सेक्शनों पर काम करनेवाले मजदूर और मेक्सिको से भागकर अमेरिका के दफ्तरों में काम करनेवाले चपरासी अपनी मामूली तनख्वाहों का आधा हिस्सा दे रहे थे। लेकिन इससे कहीं ज्यादा की दरकार थी। बरसों तक हताशा से जूझते हुए, जीतोड़ मेहनत से किये गये गुप्त कामों का नतीजा मिलने का समय आ रहा था। समय बिल्कुल सटीक था। क्रान्ति एक नाजुक सन्तुलन पर टिकी थी। बस एक और धक्का, पूरी ताकत और हिम्मत से की गयी एक कोशिश की जरूरत थी, और यह लहराती हुई जीत की ओर बढ़ जाती। वे अपने मेक्सिको को जानते थे। बस एक बार शुरू हो जाये, उसके बाद क्रान्ति खुद

अपना ख्याल रख सकती थी। दियाज का पूरा तंत्र ताश के पत्तों की तरह भहरा जायेगा। सीमा के इलाके उठ खड़े होने के लिए तैयार थे। आई.डब्ल्यू.डब्ल्यू.' के सौ लोगों के साथ एक यांकी सीमा पार करके लोअर कैलिफोर्निया पर धावा बोलने के लिए तैयार था। लेकिन उसे बन्दूकों की जरूरत थी। और उधर, अटलांटिक तक के पूरे इलाके में ऐसे लोगों की पूरी फौज थी जो इस आततायी हुकूमत से लड़ने को तैयार बैठे थे। इनमें दुस्साहसियों, लूट के लिए लड़नेवाले, बागी डकैत, अमेरिकी यूनियनों के असन्तुष्ट लोग, समाजवादी, अराजकतावादी, आवारागर्द, मेक्सिको से निर्वासित लोग, बंधुआगीरी से भागे हुए कर्मचारी, कोर द'अलान और कोलोराडो की खदानों में कोड़े खानेवाले खान मजदूर-ये सब शामिल थे। जुन्ता उन सबसे सम्पर्क बनाये हुए थी, और सबको बन्दूकों की जरूरत थी। बार-बार यही माँग आती थी-बन्दूकें और गोली-बारूद, गोली-बारूद और बन्दूकें।

प्रतिशोध से भरी, अपना सब कुछ खो चुकी इस ऊबड़खाबड़ भीड़ को सीमा के पार धकेल देना था, और क्रान्ति शुरू हो जाती। कस्टम हाउस, उत्तरी बन्दरगाहों के प्रवेशद्वार पर कब्जा हो जाता। दियाज इसे रोक नहीं पाता। वह अपनी सेनाएँ उनके खिलाफ भेजने की हिम्मत नहीं कर सकता था क्योंकि उसे दक्षिण को काबू में रखना था। और पूरे दक्षिण में क्रान्ति की लपटें उसके रोके नहीं रुकेंगी। लोग उठ खड़े होंगे। एक के बाद एक शहर की रक्षापंक्ति ध्वस्त हो जायेगी। एक के बाद एक प्रान्त घुटने टेक देगा। और आखिरकार, हर ओर से क्रान्ति की विजयी सेनाएँ दियाज के आखिरी गढ़, मेक्सिको सिटी को घेर लेंगी।

लेकिन पैसा कहाँ से आये! उनके पास बन्दूकों का इस्तेमाल करनेवाले लोग थे, उत्साह से भरे और अधीर। वे उन व्यापारियों को जानते थे जो बन्दूकें बेचने और उन्हें सही जगह पहुँचाने के लिए तैयार थे। लेकिन क्रान्ति को इस मुकाम तक लाने में जुन्ता ने अपने सारे संसाधन खर्च कर दिये थे। आखिरी डालर खर्च हो चुका था, आखिरी स्रोत और भूख से लड़ते आखिरी देशभक्त से जो भी मिल

सकता था निचोड़ा जा चुका था, लेकिन निर्णायक कार्रवाई अब भी बारीक सन्तुलन पर टिकी थी। बन्दूकें और गोलीबारूद! खस्ताहाल बटालियनों को हथियारबन्द करना ही होगा। लेकिन कैसे? रामोस को अपनी जब्त हो चुकी जागीरों की याद आयी। अरेलानो ने अपनी जवानी की फिजूलखर्ची का रोना रोया। मे सेदबी सोचने लगी कि अगर जुन्ता अतीत में थोड़ी और किफायतशारी बरतती तो क्या कुछ हो सकता था?

"जरा सोचो कि मेक्सिको की आजादी बस कुछ हजार डालरों की मोहताज है," पौलिनो वेरा ने कहा।

हताशा उन सबके चेहरों पर साफ दिख रही थी। उनकी आखिरी उम्मीद, हाल ही में जुड़े जोस अमारिलो, जिसने पैसे देने का वादा किया था, को चिहुआहुआ में अपनी हवेली में पकड़ लिया गया था और उसके अस्तबल की दीवार के सामने उसे गोली मार दी गयी थी। खबर अभी-अभी आयी थी।

घुटनों के बल फर्श पर पोछा लगाते हुए रिवेरा ने उनकी ओर देखा। उसका ब्रशवाला हाथ हवा में उठा था और नंगी बाँहों पर झागदार गन्दा पानी लगा हुआ था।

"पाँच हजार से काम चल जायेगा?" उसने पूछा।

उन्होंने अचरज से उसकी ओर देखा। वेरा ने थूक निगलते हुए सिर हिलाया। वह बोल नहीं सका लेकिन अचानक उसमें अथाह विश्वास जाग उठा।

"बन्दूकों का आर्डर दे दो," रिवेरा ने कहा। "समय कम है। तीन हफ्ते में मैं तुम्हें पाँच हजार ला दूँगा। यह ठीक रहेगा। तब तक लड़नेवालों के लिए मौसम भी कुछ गर्म हो जायेगा। इससे ज्यादा मैं कुछ नहीं कर सकता।"

वेरा अपने विश्वास को कायम रखने की पूरी कोशिश कर रहा था। यह अविश्वसनीय था। जब से वह क्रान्ति में शामिल हुआ था तब से उसने बहुत सी उम्मीदों को टूटते देखा था। उसे चिथड़े

पहने हुए क्रान्ति के लिए पोछा लगानेवाले इस लड़के पर यकीन था, फिर भी वह यकीन करने की हिम्मत नहीं कर पा रहा था।

"तू पागल है," उसने कहा।

"बस तीन हफ्ते," रिवेरा ने कहा। "बन्दूकों का आर्डर दे दो।"

वह उठा, कमीज की बाँहें नीचे कीं और कोट पहन लिया।

"बन्दूकों का आर्डर दे दो," उसने कहा।

"मैं अभी जा रहा हूँ।"

तीन

काफी भागदौड़, इधर-उधर टेलीफोन करने और गाली-गलौज के बाद केली के दफ्तर में रात को एक बैठक हुई। केली का धन्धा चमका हुआ था, लेकिन वह बदकिस्मत भी था। वह न्यूयार्क से डैनी वार्ड को ले आया था, बिल कार्थी के साथ उसके मुकाबले का सारा इन्तजाम कर लिया था, मुकाबले का दिन बस तीन हफ्ते दूर रह गया था लेकिन पिछले दो दिनों से कार्थी बुरी तरह घायल होकर पड़ा था, हालाँकि खेल पत्रकारों से अब तक यह तथ्य बड़ी सावधानी से छुपाकर रखा गया था। उसकी जगह लेनेवाला कोई नहीं था। केली पूरब के हर सम्भावित लाइटवेट मुक्केबाज को फोन घनघनाता रहा था लेकिन सब के सब अनुबन्धों और पहले से तय तारीखों से बँधे हुए थे। और आखिरकार अब उसकी उम्मीद फिर से जागी थी, हालाँकि यह एक धुँधली-सी ही उम्मीद थी।

केली ने वहाँ आते ही रिवेरा पर एक नजर डाली और कहा, "तू है बड़े जीवटवाला।"

रिवेरा की आँखों में जहरीली नफरत थी, लेकिन उसका चेहरा निर्विकार बना रहा।

"मैं वार्ड को धूल चटा सकता हूँ," उसने बस इतना कहा।

"तू कैसे जानता है? कभी देखा है उसे लड़ते हुए?"

रिवेरा ने सिर हिला दिया।

"वह दोनों आँखें बन्द करके तुझे एक हाथ से पीट सकता है।"

रिवेरा ने कन्धे उचका दिये।

"तुझे कुछ कहना नहीं है?" फाइट प्रमोटर ने तीखी आवाज में पूछा।

"मैं उसे धूल चटा सकता हूँ।"

"अच्छा? तू अब तक किससे भिड़ा है?" माइकल केली ने पूछा। माइकल प्रमोटर का भाई था और यलोस्टोन जुआघर चलाता था जहाँ वह मुक्केबाजी के मुकाबलों पर सट्टे से अच्छे पैसे बनाता था।

रिवेरा ने उसे कड़वी, सपाट नजर से घूरा।

प्रमोटर के नौजवान, खिलन्दड़े सेक्रेटरी ने खींसे निपोरीं।

"ठीक है, तू राबर्टस् को जानता है," केली ने शत्रुतापूर्ण चुप्पी को तोड़ते हुए कहा। "उसे अब तक यहाँ आ जाना चाहिए था। मैंने उसे बुलवाया है। बैठकर इन्तजार करो, हालाँकि तुझे देखकर नहीं लगता कि तेरे बस की बात है। मैं इकतरफा मुकाबले से पब्लिक को नाराज नहीं कर सकता। पता है तुझे, रिंग के सामने की सीटें पन्द्रह-पन्द्रह डालर में बिक रही हैं।"

राबर्ट्स आया तो उसे देखते ही लग गया कि वह हल्के नशे में है। वह एक लम्बा, छरहरा, ढीला-ढाला सा आदमी था और उसकी बोली की तरह ही उसकी चाल भी धीमी और सुस्त थी।

केली सीधे मुद्दे पर आया।

"देखो राबर्ट्स, तुम डींग हाँकते रहे हो कि तुमने इस मेक्सिकन छोकरे को ढूँढ़ निकाला है। तुम जानते ही हो कि कार्थी अपनी बाँह तुड़वा बैठा है। अब इस पीले मुँहवाले का जिगर तो देखो, ये आकर मुझसे कहता है कि यह कार्थी की जगह ले सकता है। क्या ख्याल है?"

"सही है, केली," अपने सुस्त अन्दाज में राबर्टस ने जवाब दिया। "वह मुकाबला कर सकता है।"

"मेरे ख्याल से तुम अब यह कहोगे कि वह वार्ड को पटरा कर सकता है," केली ने तुर्श लहजे में कहा।

राबर्टस विचार करने की मुद्रा में कुछ देर चुप रहा।

"नहीं, मैं यह तो नहीं कहूँगा। वार्ड ऊँची चीज है, वह रिंग का बादशाह है। लेकिन वह रिवेरा को चुटकियों में ठिकाने नहीं लगा सकता। मैं रिवेरा को जानता हूँ। कोई भी उसे गुस्सा नहीं दिला सकता। मैं उसकी ऐसी कोई कमजोरी ढूँढ़ नहीं पाया। और उसके दोनों हाथ चलते हैं। वह किसी भी स्थिति से, किसी भी रुख से सामनेवाले को ढेर कर देनेवाले मुक्के चला सकता है।"

"उसकी बात छोड़ो। वह कैसा शो पेश कर सकता है? तुम सारी जिन्दगी फाइटरों को तैयार करते रहे हो। तुम्हारी परख की मैं दाद देता हूँ। क्या वह पब्लिक का पैसा वसूल करा सकता है?"

"पक्की बात है। और इतना ही नहीं, वह वार्ड को खासा परेशान कर सकता है। तुम इस लड़के को जानते नहीं हो। मैं जानता हूँ। मैंने उसे ढूँढ़ा है। उसे गुस्सा दिलाना नामुमकिन है। वह शैतान का अवतार है। वह पक्की आफत की पुड़िया है। वह वार्ड को देसी प्रतिभा के कमाल से ऐसा चौंकायेगा कि तुम सब चौंक जाओगे। मैं यह नहीं कहता कि वह वार्ड को धूल चटा देगा, लेकिन वह ऐसा जबर्दस्त मुकाबला करेगा कि तुम सब जान जाओगे कि आनेवाले दिन उसी के हैं।"

"ठीक है।" केली अपने सेक्रेटरी की ओर मुड़ा। "वार्ड को फोन लगाओ। मैंने उसे बता दिया था कि अगर कुछ बात बनी तो उसे यहाँ आना होगा। वह अभी सामने यलोस्टोन में ही है; लोगों को अपने बल्ले दिखा रहा होगा, लोकप्रिय होने का कोई मौका वह नहीं छोड़ता।"

केली फिर ट्रेनर से मुखातिब हुआ। "कुछ पिओगे?"

राबट्र्स ने लम्बे गिलास से चुस्की ली और अपने सुस्त लहजे में बोलने लगा।

"मैंने कभी तुम्हें बताया नहीं कि यह बदमाश मुझे मिला कैसे। दो साल पहले यह हमारे यहाँ आया था। मैं प्राइने को डेलानी के साथ उसके मुकाबले के लिए तैयार कर रहा था। प्राइने बड़ा दुष्ट है। उसमें रत्तीभर भी दया नहीं है। उसने अपने पार्टनर की बुरी तरह ठुँकाई कर डाली थी और मुझे उसके साथ लड़ने को तैयार कोई लड़का मिल नहीं रहा था। तभी मुझे भूख से बेहाल यह मेक्सिकन छोकरा वहाँ मँडराता दिखाई दिया। मुझे कोई भी नहीं मिल रहा था। इसलिए मैंने उसे पकड़ा, दस्ताने पहनाये और रिंग में उतार दिया। वह चमड़े-सा चीमड़ था लेकिन बेहद कमजोर था। और वह मुक्केबाजी के ककहरे का पहला अक्षर भी नहीं जानता था। प्राइने ने उसकी धज्जियाँ उड़ा दीं। लेकिन वह दो राउण्ड तक टिका रहा, फिर बेहोश हो गया। वह भी भूख से। कैसी मार लगी थी उसे! उसे पहचानना मुश्किल था। मैंने उसे आधा डालर और खाना दिया। तुम्हें उसे भुक्खड़ों की तरह भकोसते देखना चाहिए था। उसने दो दिन से एक निवाला भी नहीं चखा था। मैंने सोचा, यह तो गया काम से। लेकिन अगले दिन वह फिर पहुँच गया। उसका शरीर अकड़ा और सूजा हुआ था लेकिन आधा डालर और भरपेट खाने के लिए वह फिर तैयार था। और समय बीतने के साथ वह बेहतर होता गया। वह जन्मजात फाइटर है, और ऐसा कड़ियल कि विश्वास नहीं होता। उसके दिल नहीं है। वह बर्फ की सिल्ली है। जब से मैं उसे जानता हूँ उसने एक बार में ग्यारह शब्द भी नहीं बोले होंगे। वह बस अपना काम करता है।"

"मैंने देखा है," सेक्रेटरी ने कहा। "उसने तुम्हारे लिए खूब काम किया है।"

"मेरे सारे बड़े फाइटर उसके साथ आजमाइश कर चुके हैं," राबर्ट्स ने जवाब दिया। "और उसने उन सबसे सीखा है। मैंने देखा है कि उनमें से कुछ को वह धो सकता था। लेकिन उसका दिल नहीं लगता था। मैं सोचता था कि उसे ये खेल कभी पसन्द नहीं था। उसके हाव-भाव से तो ऐसा ही लगता था।"

"पिछले कुछ महीनों में तो वह छोटे क्लबों में फाइटिंग करता रहा है," केली ने कहा।

"हाँ। अचानक उसे पता नहीं क्या हुआ। एकदम से वह इसके लिए तैयार हो गया। वह बस एक कौंध की तरह निकला और तमाम लोकल फाइटरों की छुट्टी कर दी। लगता है उसे पैसों की जरूरत है, और उसने ठीक-ठाक कमाई की है, हालाँकि उसके कपड़ों से पता नहीं चलता। वह अजीब ही चीज है। कोई नहीं जानता कि वह क्या करता है। किसी को नहीं पता कि वह अपना समय कैसे बिताता है। जब वह काम पर होता है तब भी काम खत्म होते ही गायब हो जाता है। कभी-कभी वह हफ्तों तक लापता रहता है। लेकिन वह किसी की सुनता नहीं है। उसका मैनेजर बननेवाला भारी कमाई कर सकता है, लेकिन वह इस बारे में सोचने को भी तैयार नहीं है। और तुम देखना कि जब मुकाबले की शर्तें तय होने लगेंगी तो वह पैसे नकद लेने के लिए किस तरह अड़ेगा।"

इसी समय डैनी वार्ड आ पहुँचा। पूरी मण्डली थी। उसका मैनेजर और ट्रेनर पीछे-पीछे थे और वह खुशमिजाजी और विजयी भाव के साथ हवा के झोंके की तरह भीतर आया। आते ही उसने लोगों से हाथ मिलाया, किसी से मजाक किया, किसी को अपनी हाजिरजवाबी की झलक दिखायी, किसी को देखकर मुस्कुराया और किसी की बात पर हँसा। ये उसका अन्दाज था और इसमें आंशिक ही सच्चाई थी। वह एक अच्छा अभिनेता था और उसने पाया था कि दुनिया में आगे बढ़ने के खेल में खुशमिजाजी बड़ा ही कारगर नुस्खा था। लेकिन भीतर से वह एक हिसाबी-किताबी, निर्मम फाइटर और बिजनेसमैन था। बाकी सब बस दिखावा था। एक मुखौटा था जिस पर हमेशा मुस्कान चिपकी रहती थी। उसे जाननेवाले या उसके साथ कारोबार करनेवाले कहते थे कि पैसों के मामले में उसका दिमाग उसके मुक्कों से भी ज्यादा तेज चलता था। लेन-देन सम्बन्धी हर बातचीत में वह जरूर मौजूद रहता था और कुछ लोग कहते थे कि उसका मैनेजर बस डैनी का माउथपीस है, वह वही बोलता है जो उसे कहा जाता है।

रिवेरा का अन्दाज बिल्कुल अलग था। उसकी नसों में स्पेनिश के साथ ही इण्डियन (रेड इण्डियन-अनु.) खून था और वह एक कोने में चुपचाप, बिल्कुल स्थिर बैठा हुआ था, सिर्फ उसकी काली आँखें एक-एक चेहरे पर फिर रही थीं और हर चीज को गौर से देख रही थीं।

"अच्छा, तो यह बन्दा है," डैनी ने अपने प्रस्तावित प्रतिद्वंद्वी का नजरों से जायजा लेते हुए कहा। "कहो कैसे हो, दोस्त?"

रिवेरा की आँखें जल उठीं, लेकिन उसने अभिवादन स्वीकारने का कोई संकेत नहीं दिया। सारे ग्रिंगो' उसे सख्त नापसन्द थे, लेकिन इस ग्रिंगो को देखते ही उसके भीतर ऐसी नफरत उमड़ी थी जो खुद उसके लिए भी अजीब था।

"या खुदा!" डैनी ने मजाकिया अन्दाज में फाइट प्रमोटर से कहा। "तो तुम मुझे एक गूँगे-बहरे से भिड़ाना चाहते हो।" हँसी थमने पर उसने एक और फिकरा कसा। "लगता है आजकल लॉस एंजिलस में लोग चूड़ियाँ पहनने लगे हैं, तभी तुम इससे बेहतर का जुगाड़ नहीं कर सके। किस किण्डरगार्टेन से पकड़कर लाये हो इसे?"

"वह बढ़िया लड़का है, डैनी, मेरी बात मानो," राबर्ट्स ने उसका बचाव किया। "जैसा कमजोर दिखता है वैसा है नहीं।"

"और आधी सीटें पहले ही बिक चुकी हैं," केली ने अनुरोध के स्वर में कहा। "तुम्हें उससे भिड़ना ही होगा डैनी। अब इससे बेहतर हमारे लिए मुमकिन नहीं है।"

डैनी ने रिवेरा पर एक और बेफिक्र और उपेक्षापूर्ण नजर डाली और आह भरी।

"मेरे ख्याल से मुझे उसके साथ नरमी बरतनी पड़ेगी; बशर्ते वह बेवकूफी न कर बैठे।"

राबर्ट्स ने नथुनों से फुफकार मारी।

"तुम्हें सावधान रहना होगा," डैनी के मैनेजर ने चेताया। "ऐसे

घुरमुइसों को कोई मौका नहीं देना चाहिए। क्या पता, उसकी किस्मत से एकाध घूँसा तुम तक पहुँच ही जाये।"

"ओह, मैं पूरी सावधानी बरतूँगा, पूरी," डैनी मुस्कुराया। "प्यारी पब्लिक की खातिर मैं इसे शुरू से धीरे-धीरे खिलाउँगा। पन्द्रह राउण्ड तक-और फिर उसे ढेर कर दूँगा, क्यों, क्या ख्याल है केली?"

"चलेगा," उसने जवाब दिया। "बस असली दिखना चाहिए।"

"तो अब काम की बात कर लें।" डैनी ने ठहरकर मन ही मन हिसाब लगाया। "टिकट-बिक्री का पैंसठ फीसदी, जैसे कार्थी के साथ तय था। लेकिन इसका बँटवारा अलग होगा। मेरे लिए अस्सी ठीक रहेगा।" उसने अपने मैनेजर से पूछा, "ठीक है?"

मैनेजर ने हामी भरी।

"अरे सुनो, तुम्हारी समझ में आया?" केली ने रिवेरा से पूछा।

रिवेरा ने इनकार में सिर हिलाया।

"देखो, ये ऐसा होता है," केली ने उसे समझाया। "इनाम की रकम होगी टिकट-बिक्री की पैंसठ फीसदी। तुम नये और अनजान हो। रकम तुम दोनों के बीच बँट जायेगी। बीस फीसदी तुम्हें, अस्सी डैनी को। क्यों, सही है न, राबर्ट्स?"

"बिल्कुल सही है, रिवेरा," राबर्ट्स ने सहमति जताई।

"देखो, अभी तुम्हारा नाम तो हुआ नहीं है।"

"टिकट-बिक्री का पैंसठ फीसदी कितना होगा?" रिवेरा ने पूछा।

"ओह, शायद पाँच हजार, या, हो सकता है आठ हजार तक पहुँच जाये," डैनी बोल पड़ा। "लगभग इतना ही होगा। तुम्हारे हिस्से में हजार से सोलह सौ तक आयेंगे। मेरे जैसे नामचीन बन्दे से पिटने के लिए ये खासी रकम है। क्या कहते हो?"

रिवेरा का जवाब सुनकर उनकी साँस गले में अटक गयी। "पूरी रकम जीतनेवाला ले जायेगा," उसने फैसला सुनाने के अन्दाज में

कहा। कमरे में सन्नाटा छा गया।

"वाह, बच्चा हमें टॉफी खिला रहा है," डैनी के मैनेजर ने कहा।

डैनी ने सिर हिलाया।

"मैं इस खेल में बहुत दिनों से हूँ," उसने कहा। "मैं रेफरी या आयोजक कम्पनी पर शुबहा नहीं कर रहा हूँ। मैं सट्टेबाजों और धोखाधड़ियों की भी बात नहीं कर रहा हूँ, जैसा कि कई बार होता है। मैं बस यही कह रहा हूँ कि मेरे जैसे फाइटर के लिए यह सौदा ठीक नहीं है। इस मामले में मैं जोखिम नहीं उठाता। तुम कुछ कह नहीं सकते। क्या पता मेरी बाँह टूट जाये, क्यों? या कोई मुझे धोखे से नशा खिला दे?" उसने गम्भीर मुद्रा में सिर हिलाया। "हार या जीत, मेरा हिस्सा होगा अस्सी फीसदी। क्या कहते हो, मेक्सिकन?"

रिवेरा ने फिर इनकार में सिर हिलाया।

डैनी गुस्से से फट पड़ा। अब वह असल रूप में आ रहा था।

"अबे, सड़कछाप गन्दे छोकरे, तू चाहता क्या है? जी तो करता है अभी तुझे चपटा कर दूँ।"

राबर्ट्स धीरे से अपना शरीर दोनों प्रतिद्वन्द्वियों के बीच ले आया।

"पूरी रकम जीतनेवाले को," रिवेरा ने रूखे ढंग से दोहराया।

"तू इस तरह अड़ा क्यों हुआ है?" डैनी ने पूछा।

"मैं तुम्हें पीट सकता हूँ," उसका सपाट जवाब था।

डैनी ने कोट उतारने की कोशिश शुरू की। लेकिन, जैसा कि उसका मैनेजर जानता था, यह महज दिखावा था। कोट उतरा नहीं, और डैनी ने लोगों को उसे शान्त करने दिया। सबकी हमदर्दी उसके साथ थी। रिवेरा अकेला खड़ा था।

"सुन, बेवकूफ छोकरे," केली ने उसे समझाने का जिम्मा अब खुद पर ले लिया। "तू कुछ नहीं है। हम जानते हैं कि पिछले कुछ महीनों में तू क्या करता रहा है–मामूली लोकल फाइटरों को पीटा

है तूने। लेकिन डैनी आला दर्जे का है। इस मुकाबले के बाद वह चौम्पियनशिप के लिए भिड़ेगा। और तू बिल्कुल गुमनाम है। लॉस एंजलिस के बाहर किसी ने तेरा नाम भी नहीं सुना है।"

"सुनेंगे," रिवेरा ने कन्धे झटककर कहा, "इस मुकाबले के बाद वे सुनेंगे।"

"तू सोचता है तू मुझे पीट देगा?" डैनी गुस्से में बोला।

रिवेरा ने सिर हिलाकर हामी भरी।

"अरे छोड़ो; जरा बात समझने की कोशिश करो," केली ने अपील की। "विज्ञापनों के बारे में सोचो।"

"मुझे पैसे चाहिए," रिवेरा का जवाब था।

"तू एक हजार साल में मुझसे नहीं जीत सकता," डैनी ने आश्वस्त भाव से कहा।

"फिर तुम्हें फिक्र काहे की है?" रिवेरा ने पलटकर कहा। "अगर पैसा इतनी आसानी से मिल रहा है तो तुम ले क्यों नहीं लेते?"

"लूँगा! अब तू देख!" डैनी अचानक फैसलाकुन अन्दाज में चीखा। "मैं रिंग में तुझे पीट-पीटकर मार डालूँगा, बच्चे-तू मेरे साथ खिलवाड़ कर रहा है! अखबारों में लेख छपवाना शुरू कर दो, केली। पूरा पैसा जीतनेवाले को! खेल कालमों में इसे जमकर उछालो। पब्लिक को बताओ कि ये पुराने दुश्मनों की भिड़न्त है। मैं इस नौबढ़ छोकरे को उसकी औकात दिखाउँगा।"

केली के सेक्रेटरी ने लिखना शुरू कर दिया था कि डैनी ने उसे रोक दिया।

"रुको!" वह रिवेरा की ओर मुड़ा।

"वजन?"

"रिंग के बाहर," जवाब आया।

"सवाल ही नहीं उठता, नौबढ़ छोकरे। अगर पूरा माल जीतनेवाले

का, तो वजन सुबह दस बजे होगा।"

"और पूरा माल जीतनेवाले को मिलेगा?" रिवेरा ने पूछा।

डैनी ने हामी भरी। मामला तय हो गया। वह अपनी पूरी ताकत और ताजगी के साथ रिंग में उतरेगा।

"वजन दस बजे होगा," रिवेरा ने कहा।

सेक्रेटरी का पेन तेजी से चलने लगा।

"इसका मतलब हुआ पाँच पौण्ड और," राबर्ट्स ने रिवेरा को समझाया।

"तूने अपने पैरों पर कुल्हाड़ी मार ली। तूने हारने का पक्का इन्तजाम कर लिया। डैनी पक्के तौर पर तुझे पीट डालेगा। वह साँड़ की तरह मजबूत होगा। तू एकदम बेवकूफ है। अब तो तेरे पास रत्तीभर भी मौका नहीं है।"

रिवेरा ने नपी-तुली, नफरतभरी नजर से उसका जवाब दिया। वह इस ग्रिंगो से भी नफरत करता था, हालाँकि यह उन सबसे बेहतर गिंग्रो था।

चार

रिवेरा रिंग में उतरा तो शायद ही किसी ने उसकी ओर ध्यान दिया। स्टेडियम में इधर-उधर छितरी और बेमन से बजायी तालियों की आवाज ने उसका स्वागत किया। दर्शकों को उस पर भरोसा नहीं था। वह तो महान डैनी के हाथों बलि चढ़ने के लिए लाया गया मेमना था। इसके अलावा, दर्शकों को हताशा भी हुई थी। उन्हें डैनी वार्ड और बिल कार्थी के बीच जबर्दस्त भिड़न्त की उम्मीद थी और यहाँ उन्हें इस पिद्दी से काम चलाना पड़ रहा था। दर्शकों ने डैनी पर एक के मुकाबले दो, यहाँ तक कि तीन का सट्टा लगाकर इस बदलाव पर अपनी नाखुशी जाहिर कर दी। और सट्टा लगानेवालों का पैसा जिधर होता है, उधर ही उनका दिल भी होता है।

मेक्सिकन लड़का अपने कोने में बैठ गया और इन्तजार करने

लगा। समय धीरे-धीरे बीत रहा था। डैनी उससे इन्तजार करा रहा था। यह एक पुरानी चाल थी लेकिन कमउम्र, नये फाइटरों पर इसका हमेशा ही असर होता था। इस तरह बैठे और खुद अपनी आशंकाओं तथा धुआँ उड़ाते निर्मम दर्शकों का सामना करते हुए उनमें डर समाने लगता था। लेकिन इस बार यह चाल नाकाम रही। राबर्ट्स ने ठीक कहा था। रिवेरा को अशान्त करना असम्भव था। वह उन सबसे ज्यादा सन्तुलित था और उसके दिलो-दिमाग की एक-एक नस प्रत्यंचा की तरह खिंची हुई थी और उसमें घबराहट या डर के लिए कोई गुंजाइश नहीं थी। रिंग के उसके कोने में मौजूद हार और निराशा के माहौल का भी उस पर कोई असर नहीं था। उसके सहयोगी ग्रिंगो और अजनबी थे। और उसे इनामी मुक्केबाजी के खेल की तलछट के लोग दिये गये थे, जिनके पास न तो कोई सम्मान था और न कुशलता। ऊपर से, वे पहले ही यह मान बैठे थे कि उनके खिलाड़ी की हार पक्की है।

"होशियार रहना," स्पाइडर हैगर्टी ने उसे चेताया। स्पाइडर उसका मुख्य सहयोगी था। "जितनी देर टिके रह सको, उतनी देर टिकने की कोशिश करना-केली ने यही कहलाया है। अगर तुमने ऐसा नहीं किया तो अखबारवाले इसे भी मिली-जुली लड़ाई बता देंगे और लॉस एंजलिस में यह खेल और बदनाम हो जायेगा।"

यह सब कतई हौसला आफजाई करनेवाला नहीं था। लेकिन रिवेरा ने जरा भी ध्यान नहीं दिया। उसे इनामी मुक्कबाजी से नफरत थी। यह घृणित ग्रिंगो लोगों का घृणित खेल था। ट्रेनर के अखाड़े में दूसरों के मुक्के खानेवाले के तौर पर वह इसमें शामिल हुआ था, सिर्फ इसलिए क्योंकि वह भूख से मर रहा था। इस बात से कोई फर्क नहीं पड़ता था कि वह इस खेल के लिए बहुत बढ़िया ढंग से बना था। वह इससे नफरत करता था। जुन्ता के सम्पर्क में आने के पहले वह कभी पैसे के लिए नहीं लड़ा था, पर उसे इस तरह पैसे कमाना आसान लगता था। वह पहला इनसान नहीं था जिसने खुद को एक ऐसे पेशे में कामयाब पाया था जिससे वह नफरत करता था।

उसने किसी चीज का विश्लेषण नहीं किया। वह बस जानता था कि उसे यह लड़ाई जीतनी ही है। कोई और नतीजा हो ही नहीं सकता। उसके इस विश्वास के पीछे ऐसी विराट शक्तियाँ थीं जिनकी स्टेडियम में खचाखच भरे दर्शक कल्पना भी नहीं कर सकते थे। डैनी वार्ड पैसे के लिए, और पैसे से खरीदे जा सकनेवाले ऐशो-आराम के लिए लड़ता था। लेकिन रिवेरा जिन चीजों के लिए लड़ता था वे उसके दिमाग में सुलग रही थीं-उसके दिमाग में जलते हुए और भयानक दृश्य कौंध रहे थे, जिन्हें रिंग के अपने कोने में अकेले बैठे और अपने तिकड़मी प्रतिद्वन्द्वी का इन्तजार करते हुए वह इतना साफ देख रहा था मानो उन्हें जी रहा हो।

उसने रिओ ब्लांको की सफेद दीवारों से घिरी पनबिजली से चलनेवाली फैक्ट्रियाँ देखीं। उसने छह हजार थके-हारे और भूखे मजदूरों को और सात-आठ साल के छोटे बच्चों को देखा जो रोजाना दस सेण्ट के लिए लम्बी-लम्बी पालियों में खटते थे। उसकी आँखों के सामने से चलते-फिरते शव गुजर गये; ये डाई-रूमों में काम करनेवाले लोग थे। उसे याद आया कि उसने अपने पिता को कहते सुना था कि ये डाई-रूम मौत के कुएँ हैं जहाँ एक साल काम करना मौत को बुलावा देना था। उसे छोटा-सा आँगन दिखायी दिया जहाँ उसकी माँ खाना बनाती थी और घर चलाने के लिए सुबह से रात तक खटती थी, फिर भी उसे दुलारने और प्यार करने का समय निकाल लेती थी। फिर उसने अपने पिता को देखा। लम्बे-ऊँचे, बड़ी-बड़ी मूँछों और गहरे सीनेवाले पिता, जो उन तमाम लोगों से प्यार करते थे और जिनका दिल इतना बड़ा था कि उसमें उमड़ता प्यार उन हजारों लोगों के बीच बँटने के बाद भी माँ और आँगन के कोने में खेल रहे नन्हे छोकरे के लिए बचा रहता था। उन दिनों उसका नाम फेलिपे रिवेरा नहीं था, उसका नाम फर्नांदेज था, जो उसे अपने पिता और माँ से मिला था। उसे वे जुआन कहते थे। बाद में उसने खुद इसे बदल लिया था क्योंकि पुलिस, राजनीतिज्ञ और जागीरदारों के आदमी फर्नांदेज नाम से नफरत करते थे।

लम्बे-तगड़े, दिलदार जोआक्विन फर्नांदेज! वे हमेशा रिवेरा की आँखों के सामने होते थे। उस वक्त वह उन्हें समझ नहीं पाता था लेकिन अब याद करने पर वह सब कुछ समझ सकता था। वह उन्हें छोटी-सी प्रिण्टिंग प्रेस में टाइपसेट करते हुए, या किताबों और कागजों से अँटी पड़ी मेज पर जल्दी-जल्दी कुछ लिखते हुए देख सकता था। और उसे वे विचित्र-सी शामें दिखाई दे रही थीं जब शहर के मजदूर बुरे काम करनेवालों की तरह अँधेरे में चुपके-चुपके उसके पिता से मिलने आते थे और घण्टों बातें करते रहते थे। उस वक्त वह कोने में लेटा अकसर उनकी अबूझ बातें सुना करता था।

उसे स्पाइडर हैगर्टी की कहीं दूर से आती हुई-सी आवाज सुनाई दी: "शुरू में ही लुढ़क मत जाना। यही कहलाया गया है। थोड़ी मार सह लो, तुम्हें पैसे मिल जायेंगे।"

दस मिनट बीत चुके थे और वह अब भी अपने कोने में बैठा हुआ था। डैनी का कुछ अता-पता नहीं था। साफ था कि वह अपनी चाल को आखिरी सीमा तक खींचना चाह रहा था।

रिवेरा की आँखों के सामने से जलते हुए दृश्य गुजरते रहे। उसे वह हड़ताल, बल्कि तालाबन्दी दिखाई दी जब रिओ ब्लांको के मजदूरों ने प्यूब्ला के अपने हड़ताली भाइयों की मदद करने की सजा पायी थी। भूख, बेरियाँ चुनने के लिए पहाड़ियों में भटकना, जड़ें और बूटियाँ जिन्हें सब खाते थे और जो सब के पेटों में दर्द और ऐंठन पैदा करती थीं-और फिर उसने वह दुःस्वप्न एक बार फिर देखा: कम्पनी के गोदाम के सामने का खाली मैदान; भूख से मरते हजारों मजदूर; जनरल रोजालिओ मार्तीनेज और पोर्फिरिओ दिआज के सिपाही और उनकी मौत उगलनेवाली राइफलें जिनके मुँह कभी बन्द ही नहीं होते थे जबकि मजदूरों के "जुर्म" के निशान उन्हीं के खून से बार-बार धोये जा रहे थे। और वह रात! उसने मालगाड़ी के डिब्बों में लाशों के ढेर देखे जिन्हें वेरा क्रुज ले जाया जा रहा था, खाड़ी की शार्क मछलियों का चारा बनने के लिए। खून से सने ढेरों में रेंगते हुए उसने अपने माँ और बाप को

ढूँढ़ निकाला था; उनके कपड़े तार-तार थे और शरीर क्षत-विक्षत। उसे खासतौर पर अपनी माँ की याद थी-सिर्फ उसका चेहरा बाहर निकला था, उसका शरीर दर्जनों लाशों के वजन से दबा हुआ था। एक बार फिर पोर्फिरिओ दियाज के सिपाहियों की राइफलें कड़कीं और एक बार फिर वह जमीन से चिपक गया और फिर शिकारियों से बचती किसी पहाड़ी लोमड़ी की तरह वहाँ से निकल गया।

समुद्र की गरज जैसा तेज शोर उसके कानों में पहुँचा और उसने देखा कि डैनी वार्ड स्टेडियम के बीच वाले रास्ते से आ रहा है। ट्रेनरों और सहयोगियों का दल-बल उसके पीछे-पीछे था। दर्शक इस लोकप्रिय हीरो का जोर-शोर से स्वागत कर रहे थे जिसका जीतना पहले से तय था। हर कोई उसका नाम पुकार रहा था। हर कोई उसी की ओर था। यहाँ तक कि, जब डैनी बाँके अन्दाज में झुककर रस्सियों के बीच से रिंग में आया तो खुद रिवेरा के सहयोगियों के चेहरे खिल गये। उसका चेहरा कभी खत्म न होनेवाली मुस्कान से फैला हुआ था और जब डैनी मुस्कुराता था तो उसके चेहरे के हर अंग से मुस्कान फूटी पड़ती थी। इतना मिलनसार फाइटर शायद ही कभी रहा हो। उसका चेहरा खुशमिजाजी और दोस्ताने का चलता-फिरता विज्ञापन था। वह जैसे हर किसी को जानता था। वह मजाक कर रहा था, हँस रहा था और रस्सियों के बीच से अपने दोस्तों का अभिवादन कर रहा था। दूर की सीटों पर बैठे हुए लोग भी अपने को रोक नहीं पा रहे थे और जोर-जोर से उसका नाम पुकार रहे थे। स्नेह और सराहना की यह खुशियोंभरी बौछार पूरे पाँच मिनट तक चलती रही।

रिवेरा की ओर किसी ने ध्यान भी नहीं दिया। दर्शकों के लिए मानो उसका अस्तित्व ही नहीं था। स्पाइडर हैगर्टी का शराब से सूजा हुआ चेहरा उसके चेहरे के पास झुक आया।

"डरना मत," स्पाइडर ने चेताया।

"और हिदायतें याद रखना। तुम्हें हर हाल में टिके रहना है। लुढ़कना नहीं। अगर तू लुढ़का तो हमें कहा गया है कि ड्रेसिंग

रूम में तेरी अच्छी धुलाई करेंगे। समझ गया? तुझे बस लड़ना है।"

दर्शक तालियाँ बजाने लगे थे। डैनी रिंग पार करते हुए उसकी ओर आ रहा था। डैनी झुका, रिवेरा का दाहिना हाथ अपने दोनों हाथों में लिया और बड़े जोर-शोर से हिलाया। मुस्कान में लिपटा डैनी का चेहरा उसके करीब था। दर्शक खेलभावना के इस प्रदर्शन पर खुश होकर चीख रहे थे और सीटियाँ बजा रहे थे। डैनी अपने बैरी से भाई की तरह अपनेपन से मिल रहा था। डैनी के होंठ हिले और दर्शकों ने अनसुने शब्दों को एक भलेमानस खिलाड़ी की बातें समझकर फिर से शोर मचाया। सिर्फ रिवेरा ने नीची आवाज में कहे गये ये शब्द सुने।

"गन्दे मेक्सिकन चूहे," डैनी के मुस्कुराते होंठों से यह फुफकार निकली, "मैं तेरा मलीदा बना के रख दूँगा।"

रिवेरा खामोश बैठा रहा। वह अपनी जगह से उठा नहीं। बस उसकी आँखों से नफरत बरस रही थी।

"खड़े तो हो जा, कुत्ते!" पीछे की कतारों से कोई चिल्लाया।

उसके इस गैर खिलाड़ियाना बर्ताव पर दर्शक उसके खिलाफ चीखने और हूटिंग करने लगे, लेकिन वह चुपचाप बैठा रहा। वापस अपने कोने में लौटते हुए डैनी का एक बार फिर तालियों की गड़गड़ाहट से स्वागत हुआ।

डैनी के गाउन उतारते ही चारों ओर खुशी से ओह-आह की आवाजें गूँजने लगीं। उसका बदन एकदम नपा-तुला और सुगठित था, उसमें फुर्ती और ताकत दोनों थी और वह भरपूर स्वास्थ्य से दमक रहा था। उसकी त्वचा औरतों की तरह स्निग्ध और गोरी थी। उसके भीतर लय, लोच और शक्ति भरी हुई थी। बीसियों मुकाबलों में उसने इसे साबित किया था। उसकी तस्वीरें खेल और शरीर सौष्ठव की तमाम पत्रिकाओं में छायी रहती थीं।

जब स्पाइडर हैगर्टी ने रिवेरा का स्वेटर उसके सिर के ऊपर से खींचकर निकाला तो स्टेडियम में एक कराह-सी गूँज गयी। उसके

साँवलेपन की वजह से उसका बदन और भी दुबला दिखता था। उसकी भी मांसपेशिया थीं लेकिन वे उसके प्रतिद्वन्द्वी की तरह उभरी हुई नहीं थीं। पर दर्शक यह नहीं देख सके कि उसका सीना कितना गहरा था। न ही वे इस बात का अनुमान लगा सकते थे कि उसके बदन का रेशा-रेशा कैसा सख्त था, उसकी मांसपेशियाँ कितनी चपल थीं और उसकी नस-नस में दौड़ रही बिजली ने किस तरह उसे एक शानदार लड़ाकू मशीन में तब्दील कर दिया था। दर्शकों को बस यही दिखायी दिया कि उनके सामने भूरी चमड़ीवाला अठारह साल का एक लड़का खड़ा था जिसका शरीर लड़कों जैसा था। डैनी की बात अलग थी। डैनी चौबीस साल का मर्द था और उसका शरीर परिपक्व आदमी का शरीर था। यह वैषम्य उस वक्त और भी साफ दिखने लगा जब वे रिंग के बीचोबीच खड़े होकर रेफरी की हिदायतें सुन रहे थे।

रिवेरा ने देखा कि राबर्ट्स अखबारवालों के ठीक पीछे बैठा हुआ है। वह आम दिनों से ज्यादा नशे में था और उसकी बोली भी उसी अनुपात में और सुस्त हो गयी थी।

"घबराना मत, रिवेरा," राबर्ट्स ने अपने खास लहजे में कहा। "वह तुम्हारी जान नहीं ले सकता, यह बात याद रखना। शुरू होते ही वह तुम पर झपटेगा, लेकिन हड़बड़ाना मत। तुम बस उसे रोकना और पकड़ लेना। वह ज्यादा नुकसान नहीं पहुँचा पायेगा। बस खुद को यह यकीन दिला लो कि वह ट्रेनिंग अखाड़े में तुम पर मुक्के आजमा रहा है।"

रिवेरा ने ऐसा कोई संकेत नहीं दिया कि उसने सुना हो।

"मनहूस शैतान," राबर्ट्स बगल में बैठे व्यक्ति से बड़बड़ाया। "वह हमेशा से ऐसा ही है।"

लेकिन रिवेरा अपनी नफरतभरी नजर उधर डालना भूल गया। उसकी आँखों के सामने अनगिनत राइफलों की तस्वीर कौंध गयी। उसकी नजर जहाँ तक पहुँच रही थी, एक-एक दर्शक का चेहरा राइफल में बदल गया था। उसने बंजर, उजाड़ और धूप से नहाये

मेक्सिको के सीमावर्ती इलाके देखे और उसने सीमा के पास उन खस्ताहाल दस्तों को देखा जो सिर्फ बन्दूकों के इन्तजार में रुके हुए थे।

अपने कोने में लौटकर वह खड़ा इन्तजार कर रहा था। उसके सहयोगी कैनवस का स्टूल अपने साथ लेकर रस्सियों के बीच से रेंगकर निकल रहे थे। रिंग के दूसरे कोने पर डैनी उसके सामने खड़ा था। घण्टा बजा और लड़ाई शुरू हो गयी। दर्शक खुशी से चीख रहे थे। उन्होंने अब तक इतनी खुली लड़ाई नहीं देखी। अखबारों का कहना सही था। यह रंजिश से भरा मुकाबला था। डैनी ने तीन-चौथाई दूरी झपटते हुए पार की, मेक्सिकन छोकरे की धज्जियाँ उड़ा देने का उसका इरादा एकदम साफ था। उसने एक घूँसा नहीं चलाया, न दो, न एक दर्जन। वह घूँसों की बौछार कर रहा था, वह बर्बादी के तूफान की तरह था। रिवेरा कुछ नहीं कर पा रहा था। वह बिल्कुल कुचल-सा गया था, मुक्केबाजी की कला के धुरन्धर उस्ताद द्वारा हर कोण और हर दिशा से बरसाये जा रहे मुक्कों की बाढ़ में डूब-सा गया था। उसके पाँव उखड़ गये, वह रस्सियों पर जा गिरा, रेफरी ने उसे अलग किया और वह फिर से रस्सियों पर जा गिरा।

यह मुकाबला नहीं था। यह वध था, कत्लेआम था। इनामी लड़ाइयों के अभ्यस्त दर्शकों के अलावा और कोई भी होता तो इस एक मिनट में ही उसके भावावेगों ने उसे निचोड़ डाला होता। डैनी वाकई दिखा रहा था कि वह क्या कर सकता है-यह एक जबर्दस्त प्रदर्शन था। दर्शक नतीजे को लेकर इतने आश्वस्त थे, और वे इतने एकतरफा और इतने उत्तेजित थे कि इस ओर उनका ध्यान ही नहीं गया कि मेक्सिकन अब भी अपने पैरों पर खड़ा था। वे रिवेरा को भूल ही गये। डैनी के हिंसक आक्रमण में वह इस कदर दबा हुआ था कि वे मुश्किल से ही उसे देख पा रहे थे। इस तरह एक मिनट गुजरा, फिर दो मिनट। और जब रेफरी ने उन्हें अलग किया तभी दर्शकों को मेक्सिकन की साफ झलक दिखायी दी। उसका होंठ कट गया था, उसकी नाक से खून बह रहा था। जब वह मुड़ा

और लड़खड़ाते हुए डैनी से गुत्थम-गुत्था हो गया तो रस्सियों की रगड़ से उसकी पीठ पर पड़ी लाल धारियाँ दिखायी दीं जिनसे खून चुहचुहा रहा था। लेकिन दर्शक जो नहीं देख सके वह यह था कि उसकी छाती धौंकनी की तरह नहीं चल रही थी और उसकी आँखों में हमेशा की तरह ठण्डी आग थी। ट्रेनिंग कैम्प के क्रूर अखाड़े में बहुत से उभरते हुए चौम्पियनों ने इस हिंसक आक्रमण का अभ्यास उस पर किया था। रोज के आधे डालर से हफ्ते के पन्द्रह डालर पाने तक वह इसे झेलना बखूबी सीख गया था-अखाड़ा एक सख्त स्कूल था, और उसने बहुत सख्ती से सबक सीखा था।

तभी वह अचम्भा हुआ। तेजी से घूमता, धुँधलाता घालमेल अचानक थम गया। रिवेरा अकेला खड़ा था। डैनी, विश्वसनीय डैनी, चारों खाने चित पड़ा था। उसके होश वापस लौटने की कोशिश कर रहे थे जिससे उसके शरीर में थरथराहट हो रही थी। वह लड़खड़ाकर भहराया नहीं था, और न ही उसके घुटनों ने धीरे-धीरे जवाब दे दिया था। रिवेरा के दाहिने हाथ के नीचे से उठे घूँसे ने उसे बीच हवा में अचानक ढेर कर दिया था। रेफरी ने एक हाथ से रिवेरा को पीछे धकेला और धराशायी ग्लैडिएटर के पास खड़े होकर सेकण्ड गिनने लगा। इनामी मुक्केबाजी देखनेवाले सीधे धराशायी कर देनेवाले ऐसे प्रहारों पर जमकर तालियाँ पीटते और शोर मचाते हैं। लेकिन इन दर्शकों ने कोई हर्षध्वनि नहीं की। रिंग में जो हुआ, उसकी किसी को जरा भी उम्मीद नहीं थी। वे तनावभरी खामोशी के बीच गिनती देखते रहे, और खामोशी के बीच राबर्टस का उल्लसित स्वर गूँज उठा:

"मैंने कहा था न, उसके दोनों हाथ चलते हैं।"

पाँचवें सेकण्ड पर डैनी ने करवट बदली और सात गिने जाने तक वह एक घुटना जमीन पर टिकाकर बैठ चुका था। वह नौ गिने जाने के बाद और दस गिने जाने के पहले उठ खड़ा होने के लिए तैयार था। उसके घुटने के फर्श छोड़ते ही उसे "उठा" हुआ मान लिया जाता और उसी क्षण रिवेरा को इस बात का हक मिल जाता

कि वह फिर से उसे गिराने की कोशिश करे। रिवेरा कोई मौका नहीं देना चाहता था। घुटना फर्श से अलग होते ही वह वार करेगा। वह डैनी के इर्द-गिर्द घूम रहा था, लेकिन रेफरी दोनों के बीच घूमने लगा और रिवेरा जान गया कि वह बहुत धीरे-धीरे गिनती कर रहा है। सारे ग्रिंगो उसके खिलाफ थे, यह रेफरी भी।

"नौ" पर रेफरी ने रिवेरा को पीछे की ओर तेज धक्का दिया। यह एकदम गलत था, लेकिन इसने डैनी को उठने का मौका दे दिया। उसके चेहरे पर मुस्कान लौट आयी। अपनी बाँहों से चेहरे और पेट को ढँके हुए, वह लड़खड़ाते हुए बड़ी चतुराई से आकर रिवेरा से चिपट गया। खेल के नियमों के मुताबिक रेफरी को उसे अलग करना चाहिए था, पर उसने नहीं किया, और डैनी जोंक की तरह चिपका रहा और हर बीतते पल के साथ अपनी ताकत वापस पाता गया। राउण्ड का आखिरी मिनट तेजी से बीत रहा था। अगर वह अन्त तक टिक गया तो उसे अपने कोने में पूरे एक मिनट का समय मिल जायेगा। और वह अन्त तक टिका रहा-बदहवासी और बेहाली के बावजूद मुस्कुराते हुए।

"क्या मुस्कान चिपकायी है, गिरती ही नहीं!" कोई जोर से चिल्लाया, और राहत महसूस कर रहे दर्शक जोर से हँस पड़े।

"सुअर का बच्चा, हाथ है या हथौड़ा," डैनी ने अपने कोने में ट्रेनर से हाँफते हुए कहा। उसके सहायक पागलों की तरह उसे पोंछने और मालिश में जुटे थे।

दूसरे और तीसरे राउण्ड में कुछ खास नहीं हुआ। डैनी चालाक और घुटा हुआ खिलाड़ी था। वह रिवेरा के मुक्कों से बचता और उन्हें रोकता रहा और किसी तरह बस अखाड़े में जमा रहा। उसका सारा ध्यान पहले राउण्ड की सन्न कर देनेवाली चोट से उबरने पर था। चौथे राउण्ड में वह फिर अपने रंग में आ चुका था। उसे तगड़ा झटका लगा था, लेकिन अपने अच्छे खाये-पिये शरीर की बदौलत उसकी शक्ति और ऊर्जा लौट आयी थी। लेकिन अब उसने प्रतिद्वंद्वी पर एकदम से हावी होने का दाँव आजमाने की कोशिश

नहीं की। यह मेक्सिकन तो एकाएक टूट पड़नेवाला क्रुद्ध तातार साबित हुआ था।

डैनी ने मुक्केबाजी का अपना सारा कौशल झोंक दिया। दाँव-घात, तकनीकी कुशलता और अनुभव के मामले में वह उस्ताद था, और हालाँकि वह कोई जोरदार चोट नहीं कर पाया लेकिन उसने प्रतिद्वन्द्वी को बड़े योजनाबद्ध ढंग से थकाना और कमजोर करना शुरू कर दिया। रिवेरा के एक के मुकाबले उसके तीन घूँसे निशाने पर बैठते थे, लेकिन वे बस चोट पहुँचानेवाले थे, घातक नहीं। पर ऐसी कई चोटें मिलकर घातक बन सकती थीं। वह इस दोहत्थे लड़ाके को अब पूरा मान दे रहा था, जिसके दोनों मुक्कों में गजब की तेजी थी।

बचाव में रिवेरा ने प्रतिद्वन्द्वी को विचलित कर देनेवाले सीधे बाएँ घूँसे का सहारा लिया। बार-बार, हर हमले के जवाब में, उसके दाएँ हाथ का सीधा घूँसा डैनी के मुँह और नाक पर आकर लगता। लेकिन डैनी के तरकश में बहुत से तीर थे। इसीलिए उसे भावी चौम्पियन माना जा रहा था। वह जब चाहे, लड़ने की शैली बदल लेने में माहिर था। अब उसने नजदीक रहकर लड़ने की शैली अपनायी। इससे वह सामनेवाले के सीधे बाएँ घूँसे से बच सकता था और अपनी सारी धूर्तता का बखूबी इस्तेमाल कर सकता था। उसकी नई चाल पर दर्शक खुशी से पागल हो उठे और फिर उसने फुर्ती से खुद को रिवेरा की पकड़ से अलग किया और नीचे से उठते हुए एक जबर्दस्त घूँसा लगाया जिससे मेक्सिकन हवा में उछल गया और चारों खाने चित मैट पर गिर गया। रिवेरा जल्दी ही उठ गया और एक घुटने पर टिककर गिनती के समय का पूरा फायदा उठाने की कोशिश कर रहा था, हालाँकि उसका दिल कह रहा था कि रेफरी के सेकण्ड अब छोटे हो रहे हैं।

सातवें राउण्ड में, डैनी एक बार फिर अपना शैतानी इनसाइड अपरकट लगाने में कामयाब रहा। इस बार रिवेरा गिरा नहीं, बस लड़खड़ा गया लेकिन असहायता के उसी एक क्षण में डैनी ने

एक और ताकतवर वार किया जिससे वह रस्सियों के बीच से रिंग के बाहर बैठे अखबारवालों के ऊपर जा गिरा। उन्होंने उसे हाथ लगाकर रिंग के चबूतरे पर वापस पहुँचा दिया। वहाँ, रस्सियों के बाहर, वह एक घुटने पर इन्तजार कर रहा था और रेफरी तेजी से सेकण्ड गिने जा रहा था। उसे झुककर रस्सियाँ पार करनी होंगी, और सामने डैनी उसके इन्तजार में था। रेफरी ने न तो दखल दी, न डैनी को पीछे धकेला।

दर्शक खुशी से बौराये जा रहे थे।

"मार दे, डैनी, मार दे इसे!" कोई जोर से चीखा।

बीसियों आवाजों ने फौरन इसे लपक लिया और थोड़ी ही देर में यह भेड़ियों का युद्धनाद बन गया।

डैनी ने पूरी कोशिश की, लेकिन रिवेरा अप्रत्याशित ढंग से नौ के बजाय आठ की गिनती पर ही रस्सियों के बीच से निकलकर उससे लिपट गया। अब रेफरी हरकत में आया और उसे खींचकर अलग कर दिया ताकि उस पर वार किया जा सके। वह डैनी को हर वह लाभ देने की कोशिश कर रहा था जो एक बेईमान रेफरी दे सकता है।

लेकिन रिवेरा टिका रहा, और उसके दिमाग की चकराहट दूर हो गयी। सब के सब मिले हुए थे। ये सब घृणित ग्रिंगो थे और सबके सब बेईमान थे। और इस सबके बीच उसके दिमाग में तस्वीरें कौंधती रहीं, चमकती रहीं-रेगिस्तान में झिलमिलाती लम्बी रेल-लाइनेंय जनरल के सिपाही और अमेरिकी पुलिसिए, जेलें और काल-कोठरियाँ, तालाबों के किनारे बेघर-बेरोजगारों की भीड़-रिओ ब्लांका और हड़ताल के बाद की लम्बी यात्रा के तमाम तकलीफदेह और दर्दभरे मंजर उसकी आँखों के सामने आ-जा रहे थे। और फिर उसने देखा देदीप्यमान और तेजस्वी महान लाल क्रान्ति को अपने देश पर छाते हुए। इसके लिए जरूरी थी बन्दूकें, जो उसके सामने थीं। हर घृणित चेहरा एक बन्दूक था। वह लड़ रहा था बन्दूकों के लिए। उसे लगा वह बन्दूकों का जखीरा है। वह क्रान्ति है। वह सारे मेक्सिको के लिए लड़ रहा था।

रिवेरा पर दर्शकों का गुस्सा अब भड़कने लगा था। वह पिटकर हार क्यों नहीं मानता, जिसके लिए उसे रखा गया है? उसे पिटना तो है ही, फिर वह इतना अड़ियलपना क्यों दिखा रहा है? बहुत कम लोगों की उसमें दिलचस्पी थी, और वे हर जुआड़ी भीड़ का वह छोटा-सा, पर निश्चित हिस्सा थे जो दूर का दाँव खेलती है। वे भी मानते थे कि डैनी जीतेगा, पर उन्होंने 4-10 और 1-3 के भाव से मेक्सिकन पर दाँव लगाया था। काफी पैसा इस बात पर भी लगा था कि रिवेरा कितने राउण्ड तक टिक सकेगा। रिंग के बाहर इस बात पर धड़ाधड़ पैसे बटोरे गये थे कि वह छह या सात राउण्ड पार नहीं कर पायेगा। इसके विजेता, खुशी-खुशी अपना पैसा वसूल कर लेने के बाद अब सबके पसन्दीदा मुक्केबाज का हौसला बढ़ाने में जुट गये थे।

रिवेरा हार मानने को तैयार नहीं था। पूरे आठवें राउण्ड के दौरान उसका प्रतिद्वन्द्वी अपने घातक अपरकट को दोहराने की नाकाम कोशिश करता रहा। नवें राउण्ड में, रिवेरा ने एक बार फिर दर्शकों को स्तब्ध कर दिया। डैनी उसे दबोचे हुए था कि उसने एक तेज, फुर्तीली हरकत से उसकी पकड़ तोड़ी और दोनों शरीरों के बीच की संकरी जगह में उसका दाहिना मुक्का कमर से एकदम ऊपर उठा। डैनी फर्श पर छितरा गया और रेफरी की धीमी गिनती फिर उसका सहारा बनी। भीड़ भौचक थी। डैनी अपने ही दाँव से मात खा रहा था। उसका प्रसिद्ध राइट अपरकट उसी पर आजमाया गया था। "नौ" पर उसके उठने पर रिवेरा ने वार करने की कोशिश नहीं की। रेफरी ऐसा करने का रास्ता रोके हुए था, हालाँकि जब हालात उलट थे और रिवेरा उठना चाह रहा था तो वह किनारे खड़ा था।

दसवें राउण्ड में रिवेरा ने दो बार राइट-अपरकट जड़ा, कमर से उठता हुआ मुक्का सीधे प्रतिद्वन्द्वी की ठोड़ी पर। डैनी बदहवास हो गया। मुस्कान अब भी उसके चेहरे पर चिपकी थी, लेकिन वह फिर हावी होने की कोशिश में रिवेरा पर झपटने लगा। वह बेतहाशा मुक्कों की बौछार कर रहा था, पर रिवेरा को नुकसान नहीं पहुँचा पा रहा था जबकि उसकी तमाम फूं-फां और चकरघिन्नी नाच के

बीच रिवेरा ने उसे एक के बाद एक, तीन बार ढेर कर दिया। डैनी अब इतनी जल्दी चोट से उबर नहीं पा रहा था और ग्यारहवें राउण्ड तक उसकी दशा गम्भीर हो गयी। लेकिन तब से लेकर चौदहवें राउण्ड तक उसने अपने कैरियर का बेहतरीन प्रदर्शन किया। वह बचता और मुक्के रोकता रहा, खुद बड़ी किफायतशारी से मुक्के चलाये और अपनी ताकत फिर से हासिल करने की कोशिश करता रहा। और इसके साथ ही वह जमकर 'फाउल' खेला, जिसमें हर कामयाब मुक्केबाज माहिर होता है। उसने हर चाल, हर तिकड़म का इस्तेमाल किया। कभी पकड़ने के दौरान इस तरह धक्का मारना जैसे अनजाने में हुआ हो, कभी रिवेरा का दस्ताना अपनी बाँह और शरीर के बीच दबा लेना तो कभी अपना दस्ताना इस तरह रिवेरा के मुँह पर दबाना कि वह साँस न ले सके। अकसर, उससे चिपटने के दौरान अपने कटे और मुस्कुराते होंठो के बीच से फुफकारते हुए वह रिवेरा के कानों में ऐसी घटिया और अपमानजनक बातें कहता था जिन्हें बयान नहीं किया जा सकता। रेफरी से लेकर दर्शकों तक, हर कोई डैनी के साथ था और डैनी की मदद कर रहा था। और वे जानते थे कि उसके दिमाग में क्या चल रहा है। इस अनजान छुपे रुस्तम से पछाड़ खाये डैनी की सारी उम्मीदें एक जबर्दस्त घूँसे पर टिकी थीं। कभी वह रिवेरा को वार करने का मौका देता, कभी लड़खड़ाने का नाटक करता, कभी जानबूझकर गलती करता, उसे करीब आने के लिए ललचाता-वह बस एक मौके की ताक में था कि अपनी पूरी ताकत लगाकर ऐसा घूँसा जड़ सके जिससे पासा पलट जाये। इसके बाद, वह ताबड़तोड़ दाएँ और बाएँ मुक्के लगा सकता था, एक सौर जालिका पर और एक जबड़े पर, जैसाकि उससे पहले एक महान मुक्केबाज ने किया था। वह ऐसा कर सकता था, क्योंकि वह इस बात के लिए मशहूर था कि जब तक वह अपने पैरों पर टिका रहता था, तब तक उसकी बाँहों में भी वार करने की ताकत रहती थी।

रिवेरा के सहायक राउण्ड के बीच के अन्तराल में उसका बहुत ही कम ख्याल रख रहे थे। वे तौलिए चलाने का दिखावा तो करते

थे लेकिन इससे हाँफते रिवेरा के फेफड़ों में बहुत कम हवा आती थी। स्पाइडर हैगर्टी उसे सलाह देता था, लेकिन रिवेरा जानता था कि यह सलाह गलत होती थी। हर कोई उसके खिलाफ था। वह कपटियों से घिरा हुआ था। चौदहवें राउण्ड में उसने फिर डैनी को धूल चटाई और रेफरी की गिनती के दौरान चुपचाप विश्राम की मुद्रा में खड़ा रहा। पिछले कुछ समय से रिवेरा का ध्यान दूसरे कोने में चल रही खुसर-पुसर की ओर भी था। उसने माइकल केली को राबर्ट्स के पास जाते और झुककर फुसफुसाती आवाज में कुछ कहते देखा। रेगिस्तानी इलाके में पले रिवेरा के कान बिल्ली जैसे तेज थे और बातचीत के कुछ टुकड़े उसने सुन लिए थे। वह और सुनना चाहता था, इसलिए जब उसका प्रतिद्वंद्वी उठा तो वह लड़ते-लड़ते उसे दूसरे कोने में ले आया और उससे चिपटकर रस्सियों से जा लगा।

"करना ही पड़ेगा," उसने माइकल को कहते सुना और राबर्ट्स ने सिर हिलाया।

"डैनी को जीतना ही होगा-मेरा तो दिवाला निकल जायेगा-मैंने बेहिसाब पैसा लगा रखा है-मेरा अपना पैसा। अगर वह पन्द्रहवाँ राउण्ड पार कर गया तो मैं गया काम से! लड़का तुम्हारी बात मानेगा-समझाओ उसे।"

और इसके बाद रिवेरा की आँखों में और कोई दृश्य नहीं कौंधा। वे उसका सौदा कर रहे थे। एक बार फिर उसने डैनी को ढेर किया और दोनों बाजू लटकाये आराम से खड़ा रहा। राबर्ट्स अपनी सीट से उठा।

"बस निपट गया," उसने कहा। "अपने कोने में जाओ।"

वह अधिकारपूर्वक बोला था, जिस लहजे में वह अखाड़े में रिवेरा से अकसर ही बोलता था। लेकिन रिवेरा ने उसे नफरत से देखा और डैनी के उठने का इन्तजार करता रहा। एक मिनट के अन्तराल में प्रमोटर केली रिवेरा के पास आया।

"हार जा तू, समझा," उसने तीखी, पर धीमी आवाज में कहा।

"तुझे हारना ही होगा, रिवेरा। मेरी बात मान, मैं तेरी तकदीर बदल दूँगा। मैं तुझे अगली बार डैनी को पटरा कर लेने दूँगा। पर यहाँ तुझे चित होना पड़ेगा।"

रिवेरा ने आँखों से यह दिखा दिया कि उसने सुन लिया है, लेकिन उसने सहमति या असहमति का कोई संकेत नहीं दिया।

"तू बोलता क्यों नहीं?" केली ने गुस्से से पूछा।

"तू हर हाल में हारेगा," स्पाइडर हैगर्टी ने बीच में जोड़ा। "रेफरी तुझे जीतने नहीं देगा। केली की बात सुन और लम्बलेट हो जा।"

"इस बार छोड़ दे, मेरे बच्चे," केली ने बड़ी आजिजी से कहा। "मैं तुझे चौम्पियनशिप तक पहुँचा दूँगा।"

रिवेरा ने जवाब नहीं दिया।

"मैं वाकई ऐसा करूँगा; अभी मेरी मदद कर दे, बच्चे।"

घण्टा बजते ही रिवेरा को लगा कि कुछ होनेवाला है। दर्शकों को कुछ पता नहीं लगा। जो भी होना था, वह रिंग के भीतर था और बहुत करीब था। डैनी का पहलेवाला यकीन जैसे लौट आया था। जिस आत्मविश्वास से वह उसकी ओर बढ़ा उससे रिवेरा डर गया। कोई चाल चली जानेवाली थी। डैनी झपटा, लेकिन रिवेरा ने भिड़ने से इनकार कर दिया। वह किनारे हट गया। सामनेवाला उसे दबोचना चाहता था। उसकी चाल के लिए यह किसी रूप में जरूरी था। रिवेरा पीछे हटता और गोल दायरे में घूमकर अलग हटता रहा, लेकिन वह जानता था कि देर-सबेर वह पकड़ और फिर वह चाल आनी ही है। कोई चारा न देख उसने तय किया कि वह खुद ही इसका मौका देगा। अगली बार डैनी के झपटने पर उसने ऐसा दिखाया मानो पकड़ना चाहता हो। इसके बजाय, आखिरी पल में, ठीक उस वक्त जब उनके शरीर एक-दूसरे से टकराते, रिवेरा फुर्ती से उछलकर पीछे हट गया। और उसी पल डैनी के कोने से 'फाउल-फाउल' का शोर उठा। रिवेरा ने उन्हें चकमा दे दिया था।

रेफरी असमंजस में रुक गया। पर उसके होंठों पर थरथराता फैसला सुनाया नहीं गया क्योंकि दर्शक दीर्घा से किसी लड़के की तीखी आवाज गूँज उठी, "कमाल कर दिया!"

डैनी ने अब खुलेआम रिवेरा को गाली बकी और उसे लड़ने के लिए मजबूर करने की कोशिश की, पर रिवेरा ने थिरकते हुए उससे दूरी बनाये रखी। रिवेरा ने यह भी मन बना लिया कि वह शरीर पर कोई वार नहीं करेगा। ऐसा करके वह जीतने का आधा मौका तो ऐसे ही गँवा दे रहा था, लेकिन वह जानता था कि अगर उसे जीतना है तो उसके पास बस दूर रहकर लड़ने का ही मौका है। जरा-सा मौका मिलते ही वे उसे फाउल करार देंगे। डैनी ने अब हर तरह की सावधानी ताक पर धर दी। दो राउण्ड तक वह लड़के पर झपटता रहा, उसे ठोंकता रहा जो उसके करीब आने की हिम्मत नहीं कर रहा था। रिवेरा पर बार-बार चोटें पड़ रही थीं; उसने डैनी की उस खतरनाक पकड़ से बचने के लिए दर्जनों वार झेले। डैनी की इस शानदार वापसी ने दर्शकों को दीवाना कर दिया। लोग अपनी जगहों पर खड़े हो गये थे। उन्हें कुछ समझ नहीं आ रहा था। वे बस यही देख पा रहे थे कि आखिरकार उनका प्रिय खिलाड़ी जीत रहा था।

"तू लड़ता क्यों नहीं?" वे नफरतबुझे लहजे में रिवेरा पर चिल्ला रहे थे।

"ओय पीली चमड़ीवाले!" "लड़ पिल्ले, लड़!" "मार डाल साले को, डैनी! मार इसे!" "अब वो तेरा है! मार साले को!"

पूरे स्टेडियम में, रिवेरा अकेला इनसान था जिसके होशोहवास काबू में थे। मिजाज में वह उन सबसे गर्म था; लेकिन वह इतनी बार इससे कहीं ज्यादा गर्म हालात से गुजर चुका था कि दस हजार कण्ठों से फूटता और एक के बाद एक लहरों की तरह चढ़ता सामूहिक उन्माद उसके लिए गर्मियों की ढलती शाम की सुहानी ठण्डक से ज्यादा कुछ नहीं था।

डैनी ने सत्रहवें राउण्ड में भी घूँसों की बौछार जारी रखी। एक

जोरदार वार खाकर रिवेरा गिरते-गिरते बचा; वह झूल-सा गया, उसके बाजू बेजान से लटक गये और वह लड़खड़ाता हुआ पीछे हटा। डैनी ने सोचा, यही मौका है। लड़का अब उसकी दया पर था। रिवेरा ने इस स्वांग से उसे एकदम असावधान कर दिया और फिर सीधे मुँह पर एक करारा मुक्का जड़ दिया। डैनी पसर गया। जब वह उठा तो रिवेरा ने गर्दन और जबड़े पर दाहिने हाथ के घूँसे से उसे फिर ढेर कर दिया। तीन बार यही चीज दोहराई गयी। किसी भी रेफरी के लिए इन मुक्कों को 'फाउल' घोषित करना नामुमकिन था।

"अरे बिल! कुछ करो बिल!" केली रेफरी से गिड़गिड़ाया।

"मैं कुछ नहीं कर सकता" उसने मुँह लटकाकर जवाब दिया। "वह कोई मौका ही नहीं देता।"

बुरी तरह पिटा हुआ डैनी बहादुरी से उठने की कोशिश करता रहा। केली और रिंग के पास खड़े दूसरे लोग इसे रोकने के लिए पुलिस को आवाज देने लगे, हालाँकि डैनी का कोना हार मानने को तैयार नहीं था। रिवेरा ने मोटे पुलिस कप्तान को अटपटे ढंग से रस्सियों से होकर ऊपर आने की कोशिश करते देखा। वह ठीक से समझ नहीं पा रहा था कि इसका क्या मतलब है। गिंग्रो लोगों के इस खेल में धोखाधड़ी के कितने ही तरीके थे। डैनी अब अपने पैरों पर था और उसके सामने असहाय और चकराया हुआ-सा लड़खड़ा रहा था। रेफरी और कप्तान रिवेरा को पकड़ने के लिए हाथ बढ़ा ही रहे थे कि उसने आखिरी वार किया। मुकाबला रोकने की अब कोई जरूरत नहीं थी क्योंकि डैनी अब उठा नहीं।

"गिनो!" रिवेरा भर्राई आवाज में रेफरी पर चीखा।

गिनती पूरी हो जाने पर डैनी के सहायक उसे बटोरकर उसके कोने में ले गये।

"कौन जीता?" रिवेरा ने जोर से पूछा।

रेफरी ने हिचकिचाते हुए उसका हाथ थामा और ऊपर उठा

दिया।

रिवेरा को किसी ने बधाई नहीं दी। वह अकेला चलकर अपने कोने में आया, जहाँ उसके सहायकों ने अब तक उसका स्टूल नहीं रखा था। वह रस्सियों के सहारे पीछे झुक गया और अपनी आँखों की नफरत उन पर उड़ेल दी, फिर उसकी नफरतभरी नजर उसके चारों ओर घूम गयी, उन सारे के सारे दस हजार ग्रिंगो को उसने चपेट में ले लिया। उसके घुटने काँप रहे थे और वह बेहद थकान के कारण सुबक रहा था। मितली और चकराहट के बीच उसकी आँखों के सामने वे घृणित चेहरे आगे-पीछे तैर रहे थे। फिर उसे याद आया कि ये बन्दूकें थीं। ये बन्दूकें उसकी थीं। क्रान्ति अब आगे बढ़ सकती थी।

OO

जिन्दगी से प्यार

"सब कुछ में से बस यह बचा रह जाएगा-
उन्होंने जिन्दगी जी है और अपना पासा फेंका है
खेल में बहुत कुछ जीता जाएगा
पर पासे का सोना तो हारा जा चुका है।"

वे दर्द से लँगड़ाते हुए कगार से उतरे, और आगे चल रहा आदमी रुखड़े पत्थरों के बीच एक बार लड़खड़ा गया। वे थके ओर कमजोर थे, और उनके चेहरों पर धीरज का वह भाव था जो लम्बे समय तक कठिनाई का सामना करने से आ जाता है। उनके कन्धों पर भारी पिट्ठू और लपेटे हुए कम्बल लदे थे। उनके माथे से गुजरता पिट्ठू का चौड़ा पट्टा उसे सहारा दे रहा था। दोनों के पास एक-एक राइफल थी। वे झुके हुए चल रहे थे; कन्धे आगे को निकले और सिर और भी आगे बढ़ा हुआ, आँखें जमीन पर गड़ी हुई।

"काश हमारे पास उनमें बस दो ही कारतूस होते जो हमारे उस भण्डार में पड़े हुए हैं," दूसरे आदमी ने कहा।

उसकी आवाज एकदम भावहीन और नीरस थी। उसकी बात में कोई उत्साह नहीं था; और चट्टानों के ऊपर से बहती फेनिल दूधिया धारा में लँगड़ाते हुए चलते पहले आदमी ने कोई जवाब नहीं दिया।

दूसरा आदमी उसके पीछे-पीछे चलता रहा। उन्होंने अपने जूते उतारे नहीं थे, हालाँकि पानी बर्फ-सा ठण्डा था-इतना ठण्डा कि उनके टखने दुखने लगे और उनके पाँव सुन्न हो गये। कहीं-कहीं

पानी उनके घुटनों से टकराता था और दोनों को डगमगाते हुए अपने पैर ठीक से टिकाने पड़ते थे।

पीछे चल रहा आदमी एक चिकने पत्थर पर फिसलकर करीब-करीब गिर पड़ा; उसने पूरा जोर लगाकर खुद को सँभाला, लेकिन उसके मुँह से दर्द की तेज चीख निकल पड़ी। उसे चक्कर-सा आ गया और घूमते हुए उसने अपना खाली हाथ आगे बढ़ाया, मानो हवा को थामना चाह रहा हो। सँभलने के बाद उसने आगे कदम बढ़ाया, लेकिन एक बार फिर लड़खड़ाकर लगभग गिर पड़ा। फिर वह स्थिर खड़ा होकर आगेवाले को देखने लगा, जिसने एक बार भी सिर नहीं घुमाया था।

आदमी पूरे एक मिनट तक चुपचाप खड़ा रहा, जैसे दुविधा में हो। फिर उसने पुकारा।

"सुनो, बिल, मेरे टखने में मोच आ गयी है।"

बिल दूधिया पानी से होकर डगमगाता हुआ बढ़ता गया। उसने मुड़कर देखा नहीं। पहला आदमी उसे जाते हुए देखता रहा, और हालाँकि उसका चेहरा अब भी पहले की तरह भावहीन था, पर उसकी आँखें घायल हिरन-सी हो गयी थीं।

दूसरा आदमी लँगड़ाते हुए उस पार के तट पर चढ़ा और पीछे देखे बिना सीधे चलता गया। धारा के बीच खड़ा आदमी उसे देख रहा था। उसके होंठ हल्के-से काँपे, जिससे उन्हें ढँके हुए भूरे बालों के गुच्छे में हलचल साफ दिखाई दी। उसने मूँछों पर जुबान फिराई।

"बिल!" उसने फिर आवाज लगाई। यह एक मुसीबतजदा इनसान की मदद की गुहार थी, लेकिन बिल की गर्दन नहीं घूमी। आदमी उसे जाता देखता रहा। वह भयानक ढंग से लँगड़ाते और आगे की ओर झुके हुए नीची पहाड़ी के हल्के उभार पर चला जा रहा था। वह उसे जाते हुए देखता रहा जब तक कि वह उभार के दूसरी ओर पहुँचकर आँख से ओझल नहीं हो गया। फिर उसने नजर घुमाई और धीरे-धीरे अपने चारों ओर की उस दुनिया को

देखा जिसमें बिल उसे अकेला छोड़ गया था।

क्षितिज के पास सूरज का सुलगता गोला कुहासे और भाप के बीच से धुँधला-सा दिख रहा था। आदमी ने एक टाँग पर वजन देकर खड़े होते हुए जेब से घड़ी निकाली। चार बज रहे थे, और चूँकि जुलाई का आखिरी या अगस्त का पहला दिन था-उसे तारीख ठीक-ठीक नहीं मालूम थी-इससे उसने अनुमान लगाया कि सूरज लगभग उत्तर-पश्चिम में था। उसने दक्षिण की ओर देखा। उसे मालूम था कि उन धुँधली पहाड़ियों के पार कहीं ग्रेट बियर लेक है। उसे यह भी पता था कि उस दिशा में कनाडियन बैरन के उजाड़ विस्तार को बीच से काटता हुआ आर्कटिक घेरा गुजरता है। जिस धारा में वह खड़ा था, वह कॉपरमाइन नदी में जाकर मिलती थी जो उत्तर की ओर बहकर कोरोनेशन खाड़ी और आर्कटिक सागर में गिरती थी। वह कभी वहाँ गया नहीं था, पर उसने एक बार हडसन बे कम्पनी के चार्ट पर इसे देखा था।

एक बार फिर उसने अपने इर्द-गिर्द नजर दौड़ाई। यह कोई उत्साहजनक दृश्य नहीं था। हर ओर क्षितिज धुँधुला-सा था। सारी पहाड़ियाँ नीची थीं। कहीं कोई पेड़ नहीं था, न कोई झाड़ी, न घास-कुछ नहीं, बस एक जबर्दस्त और भयंकर वीरानी जो उसकी आँखों में डर भरती जा रही थी।

"बिल!" वह फुसफुसाया, पहले एक बार, फिर दोबारा, "बिल!"

वह दूधिया पानी के बीच खड़ा ऐसे दुबक रहा था जैसे दृश्य की विराटता उसे बेपनाह ताकत से दबा रही हो, अपनी भीषणता से उसे बुरी तरह कुचले डाल रही हो। वह जूड़ी के दौरे की तरह काँपने लगा और छपाक की आवाज के साथ बन्दूक उसके हाथ से गिर पड़ी। इससे वह चौंक गया। उसने अपने दिल से डर दूर किया और खुद को सँभालकर पानी में टटोलते हुए हथियार बाहर निकाल लिया। उसने अपना पिट्ठू बाएँ कन्धे पर और ऊपर चढ़ा लिया ताकि चोटिल टखने पर उसका वजन कुछ कम हो सके। फिर वह

धीरे-धीरे और सावधानी के साथ तट की ओर चल दिया। हर कदम पर दर्द की लहर उसके पैर से होते हुए बदन में दौड़ जाती थी।

वह रुका नहीं। पागलपन की हद तक पहुँची बदहवासी के साथ दर्द पर ध्यान दिये बिना, वह हड़बड़ाते हुए उस पहाड़ी के ऊपर चढ़ गया जिसके दूसरी ओर उसका साथी गुम हो गया था। वह लँगड़ाते और भचकते अपने साथी से भी ज्यादा भद्दा और विद्रूप लग रहा था। ऊपर पहुँचकर उसने एक छिछली, वीरान घाटी देखी। उसने एक बार फिर अपने डर पर काबू पाया, पिट्ठू को बाएँ कन्धे पर और ऊपर चढ़ाया और एक ओर को झुके हुए ढलान से नीचे उतरने लगा।

घाटी की तलहटी एकदम गीली थी। घनी, मोटी काई पानी को स्पंज की तरह सतह के करीब रखती थी। हर कदम पर उसके पैरों के नीचे से पानी छलछलाकर निकलता था और हर बार जब वह पैर उठाता था तो काई से 'सक्क' की आवाज होती थी। वह काई के समुद्र में छोटे-छोटे टापुओं की तरह उभरी चट्टानों पर पैर रखते हुए पहले आदमी के पदचिह्नों पर चल रहा था।

वह अकेला था, पर खोया नहीं था। उसे मालूम था कि और आगे, वह एक ऐसी जगह पहुँचेगा जहाँ छोटे-छोटे सूखे फर वृक्षों से घिरी एक छोटी-सी झील तित्चिन निचिली थी, उस इलाके की जुबान में जिसका अर्थ था "नन्ही छड़ियों की भूमि।" और उस झील में एक छोटी धारा बहकर आती थी, जिसका पानी दूधिया नहीं था। उस धारा के किनारे ऊँची घास थी-यह उसे अच्छी तरह याद था-लेकिन पेड़ नहीं थे। वह इस धारा के साथ-साथ वहाँ तक जायेगा जहाँ यह खड़ी चट्टान तक पहुँचकर खत्म हो जाती है। वह इस चट्टान को पार करेगा और पश्चिम की ओर बहनेवाली दूसरी धारा के साथ-साथ वहाँ तक जायेगा जहाँ यह डीज नदी में गिरती है। और वहाँ उसे कई चट्टानों से ढँकी एक उल्टी डोंगी के नीचे छिपा अपना गुप्त भण्डार मिलेगा। इस भण्डार में हैं उसकी खाली

बन्दूक के लिए गोलियाँ, मछली पकड़ने के काँटे और डोरी और छोटा-सा जाल-खाना जुटाने के लिए पर्याप्त साजो-सामान। साथ ही, उसे थोड़ा-सा आटा, नमक लगे सुअर के मांस का एक टुकड़ा और कुछ बीन्स भी मिल जायेंगी।

बिल वहाँ उसका इन्तजार कर रहा होगा, और वे दोनों डोंगी में साथ-साथ डीज की धारा के साथ दक्षिण की ओर ग्रेट बियर लेक तक निकल जायेंगे। और फिर वे विशाल झील के पार, और दक्षिण की ओर चलते जायेंगे, जब तक कि वे मैकेंजी नहीं पहुँच जाते। जाड़ा उनका पीछा करेगा पर वे दक्षिण, और दक्षिण चलते जायेंगे। नदियाँ-धाराएँ सब जम जायेंगी और दिन ठण्डे और शुष्क होते जायेंगे, पर वे आर्कटिक के जाड़े की पकड़ से दूर, हडसन बे कम्पनी की किसी गर्म चौकी पर पहुँच जायेंगे, जहाँ पेड़ ऊँचे और घने होंगे और खाने को भरपूर होगा।

आगे बढ़ते हुए वह आदमी यही सब सोच रहा था। लेकिन वह अपने शरीर से जितना जोर लगा रहा था, उतना ही जोर उसका दिमाग भी लगा रहा था, यह सोचने में कि बिल उससे दगा नहीं कर गया था, कि बिल उस भण्डार के पास उसका इन्तजार जरूर करेगा। उसे ऐसा सोचना ही था, वरना कोशिश करने का कोई मतलब नहीं रह जाता, और वह वहीं पड़े-पड़े मर जाता। और जब सूरज का धुँधला गोला उत्तर-पश्चिम में धीरे-धीरे डूब रहा था, तब तक वह आनेवाले जाड़े के पहले अपने और बिल के दक्षिण की ओर पलायन का पूरा रास्ता, एक-एक इंच, कई बार मन में तय कर चुका था। और वह अपने गुप्त भण्डार का खाना तथा हडसन बे कम्पनी की चौकी का खाना कई-कई बार हड़प कर चुका था। पिछले दो दिन से उसने कुछ नहीं खाया था। उसके पहले भी काफी समय से उसे जीभर के खाने को नहीं मिला था। बीच-बीच में वह रुककर बेरंग मस्केग बेरियाँ उठाकर मुँह में रखता और उन्हें चबाकर निगल लेता था। मस्केग बेरी के पनीले गूदे के

भीतर एक छोटा-सा बीज होता है। मुँह में रखते ही गूदा पानी हो जाता है और बीज चबाने पर तीखा लगता है। वह आदमी जानता था कि बेरियों में जरा भी पोषण नहीं है, लेकिन वह उस उम्मीद के साथ उन्हें चबाये जा रहा था जो ज्ञान से बड़ी होती है और अनुभव को झुठलाती है।

नौ बजे उसे एक बाहर निकली हुई चट्टान से ठोकर लगी, और थकान और कमजोरी से लड़खड़ाकर वह गिर पड़ा। कुछ देर तक वह बिना हिले-डुले बाईं करवट पड़ा रहा। फिर वह पिट्ठू के पट्टों से सरककर निकल आया और किसी तरह घिसटकर बैठने की मुद्रा में आ गया। अभी अँधेरा नहीं हुआ था, और ढलती रात के झुटपुटे में वह चट्टानों के बीच सूखी काई टटोलने लगा। जब एक ढेरभर जुट गया तो उसने आग जलाई-सुलगती, धुआँ देती आग-और टीन के एक बर्तन में पानी उबलने को रख दिया।

उसने अपना पिट्ठू खोला और सबसे पहले माचिस की तीलियाँ गिनीं। कुल सड़सठ थीं। उसने पक्का करने के लिए उन्हें तीन बार गिना। फिर उसने उनके कई हिस्से किये और उन्हें मोमिया कागज में लपेट दिया। एक पुड़िया उसने तम्बाकू की खाली थैली में रखी, एक अपने मुड़े-तुड़े टोप के अन्दरवाले फीते में फँसाई और तीसरी को कमीज के अन्दर डाल लिया। यह कर चुकने के बाद वह एकदम से घबरा उठा और उसने सबको खोलकर फिर से गिना। वे अब भी सड़सठ थीं।

उसने आग के पास बैठकर अपने भीगे-जूते और जुराबें सुखाईं। हिरन की खाल के जूते भीगकर फूले और तार-तार हो रहे थे। मोटी ऊनी जुराबें जगह-जगह घिस गयी थीं और उसके जख्मी पैरों से खून बह रहा था। उसका टखना दर्द से थरथरा रहा था। उसने गौर से उसका मुआइना किया। वह सूजकर उसके घुटने के बराबर हो गया था। उसने अपने दो कम्बलों में से एक से एक लम्बी पट्टी फाड़ी और टखने को कसकर बाँध दिया। उसने कुछ और पट्टियाँ

फाड़ीं और उन्हें अपने पैरों पर लपेट लिया ताकि वे जूते-मोजे दोनों का काम करें। फिर उसने भाप छोड़ता उबला पानी पिया, घड़ी में चाभी दी और कम्बल में घुस गया।

वह मुर्दे की तरह सोया। आधी रात के करीब कुछ देर के लिए अँधेरा छाया और छँट गया। उत्तर-पूर्व में सूरज उगा-या यूँ कहें कि उस तरफ से पौ फटी क्योंकि सूरज तो भूरे बादलों से ढँका हुआ था।

छह बजे वह जागा, पर चुपचाप पीठ के बल लेटा रहा। भूरे आसमान को निहारते हुए उसे भूख महसूस हुई। कोहनी के बल करवट बदलते ही जोर से घुरघुराने की आवाज से वह चौंका और देखा कि एक नर रेण्डियर चौकन्ने कुतूहल से उसे देख रहा है। जानवर उससे पचास फीट से ज्यादा दूरी पर नहीं था और आदमी के मन में फौरन ही आग पर भुनते रेण्डियर के मांस का दृश्य और स्वाद कौंध गया। यंत्रवत उसने खाली बन्दूक उठाई, घोड़ा चढ़ाया और ट्रिगर दबा दिया। हिरन ने फुफकार मारी और पत्थरों पर खुरों की तेज आवाज के साथ उछलकर भागा।

आदमी ने गाली देकर खाली बन्दूक दूर फेंक दी। खड़े होने की कोशिश करते हुए उसने जोर से कराह भरी। यह धीमा और मुश्किल काम था। उसके जोड़ जंग खाये कब्जों की तरह हो गये थे। हर हरकत पर उसका जोड़-जोड़ कड़कड़ कर उठता था और पूरा जोर लगाकर ही वह हाथ-पैर मोड़ या खोल पा रहा था। आखिरकार, जब वह अपने पैरों पर खड़ा हो गया, उसके बाद भी इनसान की तरह सीधा खड़ा होने में उसे एक मिनट और लग गया।

वह एक छोटे-से टीले पर चढ़ गया और चारों ओर देखा। कहीं न कोई पेड़ था, न झाड़ी, बस काई का धूसर समुद्र था जिसके बीच-बीच में कहीं-कहीं धूसर चट्टानें, धूसर जलकुण्ड और धूसर जलधाराएँ कुछ विविधता पैदा कर रही थीं। आसमान भी धूसर था। सूरज या धूप का नामो-निशान नहीं था। उसे उत्तर दिशा का कोई

बोध नहीं था और वह भूल चुका था कि पिछली रात किस रास्ते से यहाँ पहुँचा था। लेकिन वह भटका नहीं था। उसे यह यकीन था। जल्दी ही वह नन्ही छड़ियों की भूमि तक पहुँच जायेगा। उसे लगा कि वह बाईं ओर कहीं थी, ज्यादा दूर नहीं-शायद उस नीची पहाड़ी के पार ही।

वह लौटकर अपना पिट्ठू यात्रा के लिए तैयार करने लगा। उसने माचिस की तीनों पुड़ियों को टटोलकर देखा, हालाँकि उसने फिर से उन्हें गिना नहीं। लेकिन वह बारहसिंगे के चमड़े की एक मोटी-सी थैली को लेकर कुछ देर असमंजस में रहा। वह ज्यादा बड़ी नहीं थी। वह अपनी दोनों हथेलियों से उसे ढँक सकता था। लेकिन उसका वजन पन्द्रह पौण्ड था-बाकी के सारे बोझ के बराबर-और इस बात से उसे चिन्ता हो रही थी। आखिर, उसने थैली एक किनारे रख दी और कम्बलों को लपेटने लगा। वह रुका और बारहसिंगे के चमड़े की मोटी-सी थैली पर नजर डाली। फिर उसने अपने इर्द-गिर्द एक उद्धत निगाह के साथ उसे उठा लिया, मानो यह वीराना इसे उससे छीनने की कोशिश कर रहा हो; और जब वह डगमगाते कदमों से सफर जारी रखने के लिए उठा, तो यह उसके पिट्ठू में शामिल थी।

वह बाईं ओर चलता रहा, बस बीच-बीच में रुककर मस्केग बेरियाँ खाते हुए। उसका टखना अकड़ गया था और वह पहले से ज्यादा लँगड़ा रहा था, लेकिन उसका दर्द पेट के दर्द के आगे कुछ नहीं था। भूख से आँतें कुलबुला रही थीं। उनकी कुलबुलाहट इतनी बढ़ गयी कि उसके लिए नन्ही छड़ियों की भूमि तक पहुँचने के रास्ते पर ध्यान टिकाये रहना मुश्किल हो गया। मस्केग बेरियों से आँतों की जलन कम नहीं हो रही थी पर उनके कड़वे रस से उसकी जुबान और तालू में छाले पड़ गये थे।

वह एक घाटी में पहुँचा जहाँ भटतीतरों का एक झुण्ड पंख फड़फड़ाते हुए चट्टानों और मस्केग के पौधों से अचानक उड़ा। वे

के-के-के की आवाज निकाल रहे थे। उसने उन पर पत्थर फेंके लेकिन कोई निशाना सही नहीं बैठा। उसने अपना पिट्ठू जमीन पर रख दिया और गौरैया के पीछे लगी बिल्ली की तरह उनके पीछे लग लिया। नुकीले पत्थरों से उसकी पतलून कट गयी और उसके घुटनों से खून बहने लगा; लेकिन इसकी पीड़ा को भूख की पीड़ा ने दबा दिया। गीली काई पर रेंगते हुए उसके कपड़े तर-बतर हो गये और बदन ठण्डा होने लगा; पर भूख का ज्वर इतना तेज था कि उसे इसका भान भी नहीं था। हर बार भटतीतर उसके सामने से पंख फड़फड़ाते हुए उड़ जाते थे। उनकी के-के-के से उसे चिढ़ होने लगी और वह गालियाँ बकते हुए उन्हीं की आवाज में उन पर चिल्लाने लगा।

एक बार वह रेंगकर एक के पास तक पहुँच गया जो शायद सोया हुआ था। आदमी ने भी उसे तब तक नहीं देखा था जब तक वह चट्टान के गड्ढे से उछलकर एकदम उसके चेहरे के सामने नहीं आ गया। उसने हड़बड़ाकर पकड़ने की कोशिश की पर उसके हाथ में पूँछ के तीन पंख ही आये। उसे उड़ता देख वह नफरत से भर उठा, मानो चिड़िया ने उसके खिलाफ कोई जुर्म कर दिया हो। फिर वह लौट आया और पिट्ठू कन्धे पर लाद लिया।

जैसे-जैसे दिन बीतता गया वह ऐसी घाटियों से होकर गुजरा जहाँ पशु-पक्षी और भी ज्यादा थे। रेण्डियर का एक झुण्ड कुछ दूरी से गुजरा। उसमें बीसेक जानवर थे और एकदम राइफल की रेंज में थे। उसने अपने भीतर उनके पीछे दौड़ पड़ने की एक उन्मत्त इच्छा महसूस की, उसे एकदम पक्का लग रहा था कि वह दौड़कर उन्हें पकड़ सकता है। फिर एक काली लोमड़ी उसे अपनी ओर आती दिखाई दी जिसके मुँह में एक भटतीतर था। आदमी चिल्लाया। यह एक डरावनी चीख थी लेकिन डरकर भागी लोमड़ी ने भटतीतर को छोड़ा नहीं। दोपहर बाद वह एक धारा के साथ-साथ चलने लगा जो यहाँ-वहाँ उगी नरकट के झुरमुटों से होकर बह रही थी। चूने

की वजह से इसका पानी दूधिया था। नरकट को जड़ों के पास मजबूती से पकड़कर उसने खींचा और एक छोटे प्याज जैसी गाँठ निकाली। वह नर्म थी और उसमें दाँत धँसाते ही हुई कच्च की आवाज स्वादिष्ट भोजन का वादा कर रही थी। लेकिन इसके रेशे सख्त थे। उसमें बेरियों की तरह बस पानी से भरे ताँत जैसे रेशे थे जिनमें कोई पोषक तत्व नहीं था। उसने अपना पिट्ठू पटक दिया और घुटनों के बल नरकट के झुरमुट में घुसकर चरनेवाले जानवर की तरह गाँठें निकाल-निकालकर चबाने लगा।

वह बहुत थका हुआ था और आराम करने की इच्छा अकसर उसके मन में आती थी; वह कहीं भी लेटकर सो जाना चाहता था, लेकिन वह लगातार चलता जा रहा था। अब उसे नन्ही छड़ियों की भूमि तक पहुँचने की इच्छा नहीं बल्कि पेट में जलती आग हाँक रही थी। वह छोटे जलकुण्डों में मेढ़क ढूँढ़ता था और केंचुओं की तलाश में नाखूनों से मिट्टी खोद डालता था, हालाँकि वह जानता था कि इस सुदूर उत्तर में न तो मेढ़क होते हैं और न ही केंचुए।

वह हर जलकुण्ड में झुक-झुककर झाँकता था और आखिरकार जब लम्बी शाम ढलनी शुरू हो गयी तो उसे ऐसे ही एक कुण्ड में एक अकेली छोटी-सी मछली दिखायी दी। वह पकड़ने के लिए लपका और कन्धे तक उसका हाथ पानी में डूब गया, पर मछली पकड़ में नहीं आयी। उसने दोनों हाथों से पकड़ने की कोशिश की जिससे तली की दूधिया मिट्टी हिल गयी। उत्तेजना में वह पानी में गिर पड़ा और कमर तक भीग गया। अब पानी इतना गँदला हो गया था कि वह मछली को देख नहीं सकता था और उसे पानी थिरा जाने और मिट्टी नीचे बैठ जाने तक इन्तजार करना पड़ा।

कोशिश फिर शुरू हुई और एक बार फिर पानी गँदला हो गया। लेकिन वह इन्तजार नहीं कर सकता था। उसने टीन की बाल्टी निकाली और कुण्ड को खाली करने लगा। शुरू में वह पागलों की तरह पानी फेंकने लगा जिससे वह खुद भी भीग रहा था और पानी

इतना नजदीक गिर रहा था कि बहकर वापस चला जाता था। फिर वह ज्यादा सावधानी से काम करने लगा। वह शान्त रहने की पूरी कोशिश कर रहा था हालाँकि उसका दिल जोरों से धड़क रहा था और उसके हाथ काँप रहे थे। आधे घण्टे बाद कुण्ड करीब-करीब सूख चुका था। उसमें एक कप भी पानी नहीं था। लेकिन मछली का अता-पता नहीं था। उसे पत्थरों के बीच एक दरार दिखायी दी जिससे होकर वह बगल के एक बड़े कुण्ड में भाग गयी थी जिसे वह सारा दिन और सारी रात काम करके भी खाली नहीं कर सकता था। अगर उसे दरार का पता होता तो वह शुरू में ही एक पत्थर से उसे बन्द कर सकता था और तब मछली उसकी हो चुकी होती।

यह सोचते हुए वह भहराकर भीगी जमीन पर धम्म से बैठ गया। पहले तो वह अपने आप से धीमे-धीमे सुबकता रहा, फिर वह चारों ओर फैले निर्मम वीराने में ऊँची आवाज में रो पड़ा और काफी देर तक उसका शरीर सिसकियों और हिचकियों से काँपता रहा।

उसने आग जलाई और गरम पानी पी-पीकर अपने भीतर गर्मी पैदा की और पिछली रात की तरह एक चट्टान पर लेट गया। सोने से पहले उसने अपनी माचिस की तीलियों को टटोला और घड़ी में चाभी दी। कम्बल भीगकर लिसलिसे हो गये थे। उसका टखना दर्द से थरथरा रहा था। लेकिन उसे सिर्फ भूख का अहसास हो रहा था और अपनी बेचौनीभरी नींद के दौरान वह दावतों और भोजों और तरह-तरह से सजी खाने की चीजों के सपने देखता रहा।

वह जागा तो ठण्ड उसकी हड्डियों में समा चुकी थी और वह बीमार महसूस कर रहा था। सूरज का कहीं पता नहीं था। धरती और आसमान का धूसर रंग और गहरा, और गाढ़ा हो गया था। ठण्डी, खुश्क हवा बह रही थी और पहाड़ियों की चोटियाँ मौसम की पहली बर्फ से सफेद दिखने लगी थीं। जितनी देर में उसने आग जलायी और पानी उबाला उतने में ही उसके इर्द-गिर्द की हवा गाढ़ी और सफेद होने लगी। यह भीगी बर्फ थी; बर्फ के फाहे बड़े और

गीले थे। शुरू में वे धरती को छूते ही पिघल जाते थे, लेकिन फिर उनकी तादाद बढ़ती गयी। उन्होंने जमीन को ढँक लिया, आग बुझा दी और सूखी काई का उसका ईंधन बरबाद कर दिया।

उसके लिए यह संकेत था कि अपना पिट्ठू लादे और गिरते-पड़ते आगे चल पड़े। कहाँ जाना है अब यह उसे पता नहीं था। अब उसे न तो नन्ही छड़ियों की भूमि की फिक्र थी, न बिल की और न डीज नदी के किनारे उल्टी डोंगी के नीचे छुपे भण्डार की। उस पर बस एक विचार हावी था, "कुछ खाना है।" वह भूख से पागल हो रहा था। उसे इस बात का जरा भी ध्यान नहीं था कि वह किधर जा रहा था। बस वह रास्ता घाटियों की तली से गुजरना चाहिए था ताकि वह भीगी बर्फ में टटोलकर मस्केग बेरियाँ और गाँठोंवाली घास खींचकर निकाल सके। लेकिन ये सब एकदम बेस्वाद थे और उनसे तसल्ली नहीं मिलती थी। उसे एक सेवार मिली जिसका स्वाद खट्टा-सा था और वह जितनी भी ढूँढ़ पाया सब खा गया। हालाँकि यह ज्यादा नहीं थी क्योंकि उसकी लता कई इंच बर्फ के नीचे छुप गयी थी।

उस रात उसे आग और गर्म पानी के बिना ही काम चलाना पड़ा, और वह भीगे कम्बलों में लिपटा भूख के सपने देखता हुआ सो गया। बर्फ ठण्डी बारिश में बदल गयी। वह कई बार जागा और अपने चेहरे पर इसे महसूस किया। दिन निकला-एक और धूसर, बिना सूरजवाला दिन। बारिश बन्द हो गयी थी। उसकी भूख अब पैनी नहीं रह गयी थी। जहाँ तक खाने की लालसा का सवाल था, उसकी इन्द्रियाँ मर चुकी थीं। उसे अपने पेट में एक धीमा, भारी-सा दर्द महसूस हो रहा था, लेकिन इससे ज्यादा परेशानी नहीं हो रही थी। अब वह पहले से ज्यादा तार्किक ढंग से सोच पा रहा था और एक बार फिर उसका ध्यान नन्ही छड़ियों की भूमि और डीज नदी के पास के गुप्त भण्डार पर था।

उसने एक कम्बल के बचे हुए हिस्से से और पट्टियाँ फाड़ीं

और अपने लहूलुहान पैरों पर लपेट लीं। उसने घायल टखने को भी फिर से कसा और सफर के लिए तैयार हो गया। पिट्ठू के पास आकर वह देर तक बारहसिंगे के चमड़े की मोटी थैली को देखता रहा लेकिन आखिरकार उसे साथ ले लिया। बारिश से बर्फ पिघल गयी थी और सिर्फ पहाड़ियों की चोटियों पर सफेदी दिख रही थी। सूरज निकल आया और उसे दिशाओं का पता चल गया पर वह यह भी जान गया कि वह भटक गया है। शायद, पिछले दो दिनों में वह भटकते हुए कुछ ज्यादा ही बाईं ओर चला गया था। अब वह नाक की सीध में दाईं ओर चल पड़ा ताकि इस विचलन की भरपायी हो सके।

हालाँकि भूख अब उस तरह कचोट नहीं रही थी पर वह बहुत कमजोर महसूस कर रहा था। उसे अकसर सुस्ताने के लिए रुकना पड़ता था और रुकते ही वह मस्केग बेरियों और घास की गाँठों पर टूट पड़ता था। उसकी जुबान सूखी और बढ़ी हुई महसूस हो रही थी, मानो उस पर रोएँ उग आये हों, और उसका मुँह कड़वाहट से भरा था। उसका दिल भी उसे काफी परेशान कर रहा था। जैसे ही वह कुछ मिनट तक चलता था वह जोर से धकधक करने लगता और फिर इस तरह उछलकर उसके मुँह को आ जाता कि उसे घुटन-सी होने लगती और उसका सिर चकराने लगता था। दोपहर के समय उसे पानी से भरे एक गड्ढे में दो नन्ही मछलियाँ दिखाई दीं। उसे खाली करना तो नामुमकिन था लेकिन अब वह पहले से ज्यादा शान्त था और अपनी टीन की बाल्टी में उन्हें पकड़ने में कामयाब रहा। वे उसकी छोटी उँगली से बड़ी नहीं थीं लेकिन वह ज्यादा भूखा नहीं था। उसके पेट का हल्का दर्द और भी हल्का और मन्द पड़ता जा रहा था। ऐसा लगता था मानो उसका पेट ऊँघ रहा हो। वह दोनों मछलियाँ कच्ची ही खा गया। वह बड़े ध्यान से धीरे-धीरे चबा रहा था क्योंकि इस समय खाना उसके लिए एक विशुद्ध बौद्धिक क्रिया थी। उसे खाने की कोई इच्छा नहीं थी, पर वह जानता था कि जिन्दा रहने के लिए उसे खाना होगा।

शाम को उसने तीन और मछलियाँ पकड़ीं, दो को खा लिया और तीसरी को नाश्ते के लिए रख लिया। धूप से काई कहीं-कहीं सूख गयी थी और उसे एक बार फिर गर्म पानी मिल गया। उस दिन वह दस मील से ज्यादा नहीं तय कर पाया; और अगले दिन वह पाँच मील ही चल सका। वह तभी तक चल पाता था जब तक उसका कलेजा मुँह को नहीं आने लगता। लेकिन उसका पेट अब उसे जरा भी परेशान नहीं कर रहा था। वह सो चुका था। अब वह एक नये इलाके में पहुँच गया था जहाँ रेण्डियर ज्यादा थे, और साथ ही भेड़िये भी। अकसर उनकी चिल्लाहट वीराने में तैरती हुई उसके पास तक पहुँचती थी और एक बार उसने अपने रास्ते में तीन भेड़िये देखे थे जो उसे देखते ही वहाँ से खिसक गये।

एक और रात गुजरी, और सुबह उसका दिमाग पहले से ज्यादा साफ था। उसने बारहसिंगे के चमड़े की मोटी थैली का चमड़े का फीता खोल दिया। थैली से सोने के मोटे-मोटे कणों और ढेलों की पीली धारा जमीन पर बिखर गयी। उसने सोने को दो हिस्सों में बाँटा, आधे को कम्बल के एक टुकड़े में लपेटकर एक अलग-सी दिख रही चट्टान के नीचे छुपाया और बाकी आधे को पिट्ठू में रख लिया। बचे हुए एक कम्बल से भी पट्टियाँ फाड़कर उसने पैरों पर लपेट लीं। वह अब भी अपनी बन्दूक लिये हुए था क्योंकि वहाँ डीज नदी के किनारे के भण्डार में कारतूस भी रखे थे। यह दिन कुहासेभरा था और एक बार फिर उसकी भूख जाग गयी। वह बेहद कमजोर था और उसका सिर इस कदर चकरा रहा था कि कभी-कभी उसकी आँखों के आगे अँधेरा छा जाता था। अब वह अकसर ही ठोकर खाकर गिर पड़ता था; और एक बार वह सीधा भटतीतर के एक घोंसले पर गिर पड़ा। उसमें चार बच्चे थे-शायद एक दिन पहले ही जन्मे हुए। वह उन्हें जिन्दा ही चबा गया। उनकी माँ जोर से चीखते और पंख पटकते हुए उसके चारों ओर नाच रही थी। उसने अपनी बन्दूक के कुन्दे से उसे मार गिराने की कोशिश की, पर वह बच निकली। उसने उस पर पत्थर फेंके और तुक्के

से एक पत्थर उसे लग गया जिससे

उसका एक पंख टूट गया। फिर वह टूटा पंख घसीटते हुए वहाँ से भागी। आदमी उसके पीछे था।

चिड़िया के बच्चों से उसकी भूख और भड़क उठी थी। वह घायल टखने पर फुदकते और घिसटते हुए चिड़िया के पीछे लगा था। कभी वह गला फाड़कर चिल्लाते हुए उस पर पत्थर फेंकता था, तो कभी चुपचाप धीरज के साथ गिरते-पड़ते पीछा करता था। कई बार उसे कुछ सुझाई नहीं देता था और तब वह रुककर अपनी आँखों और माथे को मलता रहता था।

पीछा करते हुए वह घाटी के बीच में दलदली जमीन पर चला गया और उसे भीगी काई पर कदमों के निशान दिखाई दिये। वे उसके नहीं थे-यह तो साफ था। जरूर वे बिल के होंगे। लेकिन वह रुक नहीं सकता था, क्योंकि भटतीतर भागी जा रही थी। पहले वह उसे पकड़ेगा, फिर लौटकर जाँच करेगा।

उसने भटतीतर को थका दिया, लेकिन वह खुद भी बेतरह थक गया। वह हाफँते हुए लुढ़की पड़ी थी, और दस कदम पर वह भी हाफँते हुए लुढ़का पड़ा था। उसमें इतनी भी ताकत नहीं थी कि रेंगकर चिड़िया के पास चला जाये। जब तक वह सँभला, तब तक चिड़िया भी सँभल गयी और पंख फड़फड़ाते हुंए उसके भूखे हाथ की पकड़ से निकल गयी। शिकार फिर शुरू हो गया। रात घिर आयी और वह बचकर भाग निकली। आदमी कमजोरी से लड़खड़ा गया और पीठ पर पिट्ठू लिये-दिये मुँह के बल गिर पड़ा। उसका गाल कट गया। काफी देर तक वह ऐसे ही पड़ा रहा; फिर करवट बदली, घड़ी में चाभी दी और सुबह तक वहीं लेटा रहा।

अगला दिन भी कुहासे से भरा था। उसके आखिरी कम्बल का आधा हिस्सा पैरों की पट्टियों की भेंट चढ़ चुका था। वह बिल के कदमों के निशान ढूँढ़ने में नाकाम रहा था। इससे कोई फर्क नहीं पड़ता था। उसकी भूख उसे इस कदर हाँक रही थी कि वह

सोचने लगा कि शायद बिल भी रास्ता भटक गया था। दोपहर तक उसकी पीठ का बोझ असह्य हो उठा। एक बार फिर उसने सोने को दो हिस्सों में बाँटा, पर इस बार आधा हिस्सा यूँ ही जमीन पर गिरा दिया। दोपहर बाद उसने बाकी को भी फेंक दिया और अब उसके पास सिर्फ आधा कम्बल, टीन की बाल्टी और राइफल रह गयी थी।

एक मतिभ्रम उसे परेशान करने लगा। उसे यकीन-सा होने लगा कि उसके पास एक कारतूस बचा हुआ है। उसे लगा कि वह राइफल के चौम्बर में पड़ा था लेकिन उसका ध्यान इस ओर नहीं गया। दूसरी ओर, वह जानता था कि चौम्बर खाली है। लेकिन मतिभ्रम बना रहा। वह घण्टों तक इसे दूर करने की कोशिश करता रहा, फिर उसने राइफल खोल दी और चौम्बर खाली पाया। वह इस कदर हताश हुआ मानो उसे वाकई वहाँ कारतूस होने की उम्मीद थी।

वह भारी कदमों से आधे घण्टे तक और चलता रहा, जब वह मतिभ्रम फिर से उस पर हावी हो गया। वह फिर उसे दिमाग से दूर करने की कोशिश करने लगा और आखिरकार उसने दिमाग को राहत देने के लिए राइफल खोल डाली। कई बार उसका दिमाग कहीं बहुत दूर चला जाता था और वह यंत्रवत चलता रहता था; अजीबोगरीब सनकभरे ख्याल कीड़ों की तरह उसके दिमाग में कुलबुलाते रहते थे। लेकिन वास्तविकता से बाहर की ये यात्रएँ संक्षिप्त होती थीं क्योंकि भूख की कचोट उसे वापस खींच लाती थी। एक बार जब वह ऐसी ही एक यात्रा पर था तो एक ऐसे दृश्य ने उसे यथार्थ में धक्का दिया कि वह गश खाते-खाते बचा। वह नशे में धुत व्यक्ति की तरह आगे-पीछे झूलता हुआ गिरने से बचने की कोशिश कर रहा था। उसके सामने एक घोड़ा खड़ा था। घोड़ा! उसे अपनी आँखों पर यकीन नहीं हुआ। उनमें घना कुहरा था जिसके बीच-बीच में रोशनी चुँधिया रही थी। उसने अपनी आँखें जोर से रगड़ीं और देखा कि घोड़ा नहीं, वह एक बड़ा-सा

भूरा भालू है। जानवर उसे आक्रामक कुतूहल के साथ देख रहा था।

आदमी ने अपनी बन्दूक आधी उठाई, तभी उसे ध्यान आया कि वह खाली है। उसने बन्दूक नीचे कर ली और कमर पर बँधी म्यान से शिकारी चाकू निकाला। उसके सामने मांस और जीवन था। उसने चाकू की धार पर अँगूठा फिराया। वह तेज थी। नोक भी तेज थी। वह भालू पर झपटकर उसे मार डालेगा। लेकिन उसका दिल धक्-धक्-धक् की चेतावनी देने लगा; फिर सीने में जोरों से उछलने लगा। उसके माथे को जैसे लोहे के पट्टे ने जकड़ लिया और दिमाग चकराने लगा।

उसकी बदहवासी भरी हिम्मत को डर के उबाल ने बेदखल कर दिया। अगर उस जानवर ने हमला कर दिया तो क्या होगा? वह जितना तन सकता था, तनकर खड़ा हो गया, चाकू को कसकर पकड़ लिया और भालू को घूरने लगा। भालू धीरे से दो कदम आगे बढ़ा, पिछली टाँगों पर खड़ा हो गया और हल्के से गुर्राया। अगर सामनेवाला भागेगा तो वह उसका पीछा करेगा; लेकिन आदमी दौड़ा नहीं। अब वह डर से उपजी हिम्मत से काम कर रहा था। वह भी गुर्राया, वहशियों की तरह, भयानक आवाज में; इनसान के भीतर गहराइयों में छिपे हर भय को स्वर देते हुए।

भालू डरावने ढंग से गुर्राते हुए एक ओर हट गया। वह खुद इस रहस्यमय प्राणी से आतंकित था जो सीधा खड़ा था और डर नहीं रहा था। लेकिन आदमी हिला नहीं। वह मूरत की तरह खड़ा रहा जब तक कि खतरा टल नहीं गया। फिर वह बुरी तरह काँपने लगा और गीली काई में बैठ गया।

उसने खुद को सँभाला और चल पड़ा। अब एक नया डर उस पर तारी हो रहा था। यह चुपचाप भूख से मर जाने का डर नहीं बल्कि यह डर था कि जीने की हर कोशिश भूख के आगे नाकाम होने से पहले ही कहीं उसे हिंसक तरीके से खत्म न कर दिया जाये। वहाँ भेड़िये भी थे। वीराने में सुनाई देती उनकी चीखों से

हवा एक ऐसे डरावने कफन जैसी लगने लगती थी कि कई बार वह अनजाने ही दोनों हाथों से उसे पीछे धकेलने लगता था।

कभी-कभी दो-तीन की टोली में भेड़िये उसकी राह में मिलते थे। लेकिन वे उससे दूर ही रहते थे। एक तो वे पर्याप्त संख्या में नहीं होते थे, दूसरे वे रेण्डियर की ताक में थे जो लड़ते नहीं थे, जबकि सीधा चलनेवाला यह अजीब जानवर काट और खरोंच सकता था।

दोपहर बाद उसे बिखरी हुई हड्डियाँ दिखाई दीं। यह भेड़ियों का काम था। यह मलबा आधा घण्टा पहले रेण्डियर का बच्चा था, उछलता-कूदता, किकियाता हुआ। उसने हड्डियों को गौर से देखा। वे चाटकर साफ की जा चुकी थीं; अभी वे सूखी नहीं थीं और गुलाबी-सी दिख रही थीं। उनकी कोशिकाएँ अभी जिन्दा थीं। क्या पता दिन खत्म होने से पहले उसका भी यही हश्र हो जाये! जिन्दगी ऐसी ही है, प्यारे! कोई भरोसा नहीं! दर्द तो जिन्दगी ही देती है। मौत में कोई तकलीफ नहीं होती। मरना ऐसे ही है जैसे सो जाना। इसका मतलब था विराम। पूरा आराम। फिर वह मरना क्यों नहीं चाहता था?

लेकिन वह ज्यादा देर तक नैतिक प्रश्नों में नहीं उलझा। वह काई में उकड़ूँ बैठा था और एक हड्डी को मुँह में लिये जीवन के उन रेशों को चूस रहा था जिनसे उसमें गुलाबी रंगत थी। उसे कुछ मीठा, मांस-जैसा स्वाद मिला; हल्का-सा, बस एक याद जैसा, और वह पागल हो उठा। उसने जबड़ों से जोर से चबाने की कोशिश की। कभी हड्डी टूटी, कभी उसके दाँत। फिर उसने हड्डियों को पत्थरों से कुचला, पीट-पीटकर उनका मलीदा-सा बनाया और निगल गया। हड़बड़ी में उसने अपनी उँगलियाँ भी कुचल लीं। बस एक पल के लिए उसका ध्यान इस ओर गया कि पत्थर के नीचे आने पर भी उसकी उँगलियों में दर्द नहीं हुआ।

बर्फ और बारिश के डरावने दिन आ गये थे। उसे पता नहीं

चलता था कि कब वह रुकता था और कब चल पड़ता था। वह रात में भी उतना ही सफर करता था, जितना दिन में। वह जहाँ भी गिर पड़ता, वहीं सुस्ता लेता था और जब भी उसके भीतर मर रहे जीवन की लौ फड़फड़ाकर जल उठती, वह रेंगना शुरू कर देता था। वह इनसान के तौर पर कोशिश नहीं कर रहा था। यह तो उसके भीतर का जीवन था, जो मरने को तैयार नहीं था और उसे हाँके लिये जा रहा था। उसे कोई पीड़ा नहीं हो रही थी। उसके स्नायु भोथरे और सुन्न हो गये थे, और उसका दिमाग अजीबोगरीब मंजरों और लजीज सपनों से भरा हुआ था।

वह रेण्डियर की हड्डियों का बचा हुआ हिस्सा अपने साथ ले आया था और बीच-बीच में उन्हें चबाता और चूसता रहता था। अब वह पहाड़ियों या खड़ी चट्टानों को पार नहीं कर रहा था बल्कि यंत्रवत एक चौड़ी धारा के साथ-साथ चल रहा था जो एक छिछली और विस्तृत घाटी से होकर बह रही थी। उसे न यह धारा दिख रही थी, और न ही घाटी। वह विचित्र दिवास्वप्नों के सिवा कुछ नहीं देख रहा था। उसकी आत्मा और शरीर साथ-साथ चल या रेंग रहे थे, पर वे एक-दूसरे से अलग भी थे। उन्हें जोड़नेवाला धागा बहुत बारीक रह गया था।

वह उठा तो दिमाग ठिकाने पर था। वह एक सपाट चट्टान पर चित लेटा हुआ था। सूरज गर्म और चमकदार किरणें बिखरे रहा था। दूर से उसे रेण्डियर के बच्चों के किकियाने की आवाज सुनाई दे रही थी। उसे बारिश और तेज हवा और बर्फ की धुँधली-सी याद थी, लेकिन उसे यह नहीं मालूम था कि वह दो दिनों तक तूफान के थपेड़े झेलता रहा है या दो हफ्तों तक।

कुछ देर तक वह बिना हिले-डुले पड़ा रहा। सुखद धूप उसके बेहाल शरीर को गर्माहट से भर रही थी। उसने सोचा, आज का दिन अच्छा है। शायद वह पता कर सकेगा कि वह कहाँ है। बड़ी तकलीफ के साथ उसने करवट बदली। नीचे एक चौड़ी नदी

मन्थर गति से बह रही थी। वह एकदम अपरिचित थी जिससे वह उलझन में पड़ गया। उसने धीरे-धीरे इसके बहाव के साथ-साथ नजरें फिराईं। दूर तक नीची और उजाड़ पहाड़ियाँ थीं। ऐसी नीची और उजाड़ पहाड़ियाँ उसके रास्ते में अब तक नहीं आयी थीं। धीरे-धीरे, कोशिश करके, बिना उत्तेजित हुए उसने नजरों को इस विचित्र धारा के साथ-साथ क्षितिज तक जाने दिया और देखा कि वह एक चमकदार, झिलमिलाते सागर में मिल रही है। वह अब भी उत्तेजित नहीं हुआ। उसने सोचा, यह एक अजीब सपना है, नजरों का धोखा है। उसके परेशान दिमाग का छलावाभर है। चमकते समुद्र के बीच में लंगर डाले एक जहाज को देखकर उसका ख्याल और पुख्ता हो गया। उसने कुछ देर तक आँखें मूँद लीं, फिर खोलीं। अजीब बात थी! वह छलावा अब भी नजरों के सामने था। नहीं, इसमें कुछ अजीब नहीं था। वह जानता था कि उजाड़ इलाकों के बीच में कोई समुद्र या जहाज नहीं हो सकता, वैसे ही, जैसे उसे मालूम था कि खाली राइफल के चौम्बर में कोई कारतूस नहीं था।

उसने अपने पीछे एक आवाज सुनी-दबी-दबी सी खाँसी या छींक की आवाज। बेहद कमजोरी और जकड़न की वजह से उसने बहुत धीरे से दूसरी ओर करवट ली। उसे अपने करीब कुछ दिखाई नहीं दिया, लेकिन वह धीरज से इन्तजार करता रहा। खाँसी और सूँ-सूँ की आवाज फिर आयी, और उसने करीब बीस फीट दूर, दो नुकीले पत्थरों के बीच एक भेड़िये का सिर देखा। उसके नुकीले कान उस तरह खड़े नहीं थे जैसे उसने दूसरे भेड़ियों के देखे थे; आँखें धुँधलाई और सुर्ख लाल थीं और सिर उदासी से ढुलका हुआ-सा था। जानवर बार-बार धूप में आँखें मिचमिचा रहा था। वह बीमार लग रहा था। आदमी को अपनी ओर देखता देखकर वह एक बार खाँसा और उसके नथुनों से सूँ-सूँ की आवाज आयी।

उसने सोचा, कम से कम यह तो सच है, और फिर दूसरी ओर मुड़ा ताकि उस दुनिया की सच्चाई देख सके जिसे उस छलावे ने ढँक दिया था। लेकिन दूरी पर समुद्र अब भी झिलमिला रहा था

और जहाज साफ पहचाना जा सकता था। क्या वाकई यह सच था? वह आँखें मूँदकर देर तक सोचता रहा, और फिर एकाएक उसे समझ आ गया। वह उत्तर-पूर्व की ओर चलता रहा था, डीज नदी से दूर कॉपरमाइन की घाटी में। यह चौड़ी और मन्थर नदी कॉपरमाइन थी। वह झिलमिलाता समुद्र आर्कटिक सागर था। वह जहाज व्हेल के शिकारियों का था जो मैकेंजी के मुहाने से पूरब, बहुत पूरब में चला आया था और कोरोनेशन खाड़ी में लंगर डाले खड़ा था। उसे बहुत पहले देखा हुआ हडसन बे कम्पनी का चार्ट याद हो आया, और अब उसे सब साफ-साफ समझ आने लगा।

वह उठ बैठा और फौरी मामलों पर ध्यान दिया। कम्बलों की पट्टियाँ पूरी तरह घिस चुकी थीं और उसके पैर मांस के लोथड़े भर रह गये थे। उसका आखिरी कम्बल भी जा चुका था। राइफल और चाकू भी गायब थे। उसका टोप कहीं गिर गया था जिसके भीतर के फीते में माचिस की तीलियाँ थीं, लेकिन उसकी कमीज के अन्दर और तम्बाकू की थैली में मोमिया कागज में लिपटी तीलियाँ सुरक्षित थीं। उसने घड़ी पर नजर डाली। उसमें ग्यारह बजे थे, और वह अब भी चल रही थी। जाहिर है, वह इसमें चाभी भरता रहा था।

वह शान्त और स्थिरचित्त था। वह बेहद कमजोर हो गया था पर उसे दर्द का जरा भी अहसास नहीं था। वह भूखा भी नहीं था। खाने का ख्याल अब उसे अच्छा भी नहीं लगता था और वह जो कुछ भी करता था बस दिमाग के निर्देश पर। उसने अपनी पतलून घुटनों तक फाड़ डाली और उसे पैरों पर लपेट लिया। टीन की बाल्टी किसी तरह अब भी उसके पास बची रह गयी थी। जहाज तक का सफर शुरू करने से पहले वह थोड़ा गर्म पानी पियेगा। वह जानता था कि यह एक भयानक सफर होगा।

उसकी हरकतें बहुत धीमी थीं। वह मिर्गी के दौरे की तरह काँपने लगा। जब उसने सूखी काई बटोरना शुरू किया तो उसने पाया कि वह अपने पाँवों पर खड़ा नहीं हो पा रहा है। एक बार

वह बीमार भेड़िये के पास तक रेंगकर गया। जानवर घिसटकर उसके रास्ते से हट गया। उसने अपने जबड़ों पर मुश्किल से जुबान फिराई। आदमी ने देखा कि जुबान पर स्वास्थ्य की लाली नहीं थी। वह पीलापन लिये भूरे रंग की थी और उस पर आधे सूखे बलगम की परत चढ़ी थी।

करीब एक लीटर गर्म पानी पीने के बाद आदमी ने पाया कि वह खड़ा हो सकता है और उस तरह चल भी सकता है, जैसे किसी मरते आदमी से चलने की उम्मीद की जा सकती है। हर एकाध मिनट पर उसे सुस्ताने के लिए रुकना पड़ता था। उसके कदम कमजोर और अस्थिर थे, वैसे ही जैसे उसका पीछा कर रहे भेड़िये के कदम कमजोर और अस्थिर थे; और उस रात, जब झिलमिलाते समुद्र को अँधेरे ने ढँक लिया, तो उसने हिसाब लगाया कि दिनभर में उसकी दूरी बस चार मील कम हुई है।

सारी रात वह बीमार भेड़िये की खाँसी और बीच-बीच में रेण्डियर के बच्चों का किकियाना सुनता रहा। उसके चारों ओर जीवन था, लेकिन वह ताकत से भरपूर जीवन था, पूरी तरह जीवन्त और सक्रिय, जबकि वह जानता था कि बीमार भेड़िया बीमार आदमी के पीछे इसी उम्मीद में लगा हुआ था कि आदमी पहले मरेगा। सुबह, आँखें खोलने पर उसने भेड़िये को अपनी ओर लालसाभरी, भूखी नजर से घूरते देखा। वह एक भटके हुए बेचारे कुत्ते की तरह अपनी दुम टाँगों के बीच दबाये दुबका खड़ा था। सुबह की सर्द हवा में वह काँप रहा था और जब भर्राई हुई फुसफुसाहट की आवाज में आदमी ने उससे कुछ कहा तो उसने बेजान तरीके से खीसें निपोर दीं।

खुली धूप थी और सारी सुबह वह आदमी उठता-गिरता झिलमिलाते समुद्र में खड़े जहाज की ओर चलता रहा। मौसम एकदम खुशगवार था। यह 'इण्डियन समर' (ध्रुवीय प्रदेश का कुछ ही दिन चलनेवाला गर्मियों का मौसम-अनु.) था। यह एक हफ्ते

तक रह सकता था; या फिर हो सकता था कि कल, या उसके अगले दिन यह खत्म हो जाये।

दोपहर में आदमी को किसी और के पदचिह्न दिखाई दिये। यह किसी आदमी के थे जो चलकर नहीं बल्कि घुटनों के बल रेंगकर गया था। उसने सोचा कि ये बिल के पदचिह्न हो सकते हैं, पर उसे इसमें कोई दिलचस्पी नहीं महसूस हुई। उसे कोई उत्सुकता नहीं हुई। दरअसल, उसमें भावना और संवेदना मर चुकी थी। उसे अब पीड़ा की अनुभूति नहीं होती थी। उसका पेट और स्नायु सो चुके थे। पर उसके भीतर शेष जीवन उसे हाँके जा रहा था। वह थक चुका था पर उसके भीतर प्राण मरने को राजी नहीं था। वह मरने को राजी नहीं था, इसलिए वह अब भी मस्केग बेरियाँ और नन्ही मछलियाँ खाता था, गर्म पानी पीता था और बीमार भेड़िये पर सतर्क दृष्टि रखता था।

वह रेंगकर चलनेवाले दूसरे आदमी की लीक के पीछे चलता रहा और जल्दी ही वहाँ पहुँचा जहाँ यह खत्म हो गयी थी-हाल ही में चबाई गयी हड्डियों का एक ढेर, जिसके इर्द-गिर्द की गीली काई पर कई भेड़ियों के पंजों के निशान थे। उसने बारहसिंगे के चमड़े की एक मोटी थैली देखी, अपनीवाली जैसी ही। नुकीले दाँतों ने उसे फाड़ दिया था। उसने थैली को उठाया, हालाँकि उसका वजन उसकी कमजोर उँगलियों के लिए बहुत ज्यादा था। तो बिल इसे आखिर तक ले आया था। हा! हा! अब वह बिल पर हँस सकता था। आखिर जीत उसकी हुई। वह जिन्दा रहेगा और झिलमिलाते समुद्र में खड़े जहाज तक इसे ले जायेगा। उसकी हँसी भयावह और कर्कश थी, कौवे की काँव-काँव जैसी, और बीमार भेड़िया भी उसके साथ कारुणिक स्वर में हुआने लगा। आदमी अचानक रुक गया। भला वह बिल से बदला कैसे ले सकता था, अगर बिल यह था; अगर ये गुलाबी-सफेद, सफाचट हड्डियाँ बिल थीं?

उसने मुँह घुमा लिया। ठीक है, बिल उसे मुसीबत में अकेला

छोड़ गया था; पर वह इस सोने को नहीं लेगा, न ही बिल की हड्डियाँ चूसेगा। हालाँकि, अगर उसकी जगह बिल होता तो जरूर ऐसा करता; चलते-चलते उसके मन में यह ख्याल उभरा। वह एक गड्ढे में भरे साफ पानी के पास पहुँचा। मछलियों की तलाश में झुकते ही उसने एकदम से सिर पीछे हटाया, जैसे डंक लगा हो। उसने पानी में अपनी परछाई देख ली थी। वह चेहरा इतना भयानक था कि मरी हुई संवेदना भी पलभर के लिए चौंककर जाग गयी। कुण्ड में तीन मछलियाँ थीं। उसे खाली करना नामुमकिन था और बाल्टी से उन्हें पकड़ने की कई नाकाम कोशिशों के बाद उसने हार मान ली। उसे डर था कि कमजोरी की वजह से वह कहीं गड्ढे में गिरकर डूब न जाये। इसी डर से वह नदी के किनारे पड़े तमाम लकड़ी के कुन्दों में से किसी पर सवार होकर जाने की भी हिम्मत नहीं जुटा पा रहा था।

उस दिन उसने अपने और जहाज के बीच की दूरी तीन मील और कम की; और अगले दिन दो मील-क्योंकि अब वह बिल की तरह रेंग रहा था; और पाँचवाँ दिन खत्म हुआ तो जहाज अब भी सात मील दूर था और वह दिनभर में एक मील तय करने लायक भी नहीं रह गया था। लेकिन इण्डियन समर अब भी जारी था और वह रेंगते, फिर गश खाते, फिर रेंगते, फिर लुढ़कते हुए आगे बढ़ता रहा, और बीमार भेड़िया खाँसते और झींकते उसके पीछे लगा रहा। उसके घुटने भी पैरों की तरह मांस क़े लोथड़े बन गये थे, और हालाँकि उसने कमीज फाड़कर उन पर लपेट ली थी लेकिन रेंगते हुए वह पत्थरों और काई पर लाल लकीर छोड़ता जा रहा था। एक बार, उसने पीछे नजर घुमाई तो देखा कि भेड़िया उसके खून की लकीर को चाट रहा है, और उसे एकदम से अपना अन्त अपनी आँखों के सामने दिखाई दे गया। इससे बचने का एक ही तरीका था-कि वह खुद भेड़िये को खत्म कर दे। फिर जीवन की एक भयावह दुखान्तिकी शुरू हुई-एक रेंगता हुआ बीमार इनसान, एक लँगड़ाता हुआ बीमार भेड़िया, अपने मरते शवों को वीराने के पार

घसीटकर ले जाते दो प्राणी जो एक-दूसरे की जान के प्यासे थे।

अगर वह कोई तगड़ा भेड़िया होता तो शायद उस आदमी को ज्यादा फर्क नहीं पड़ता; लेकिन उस घृणित और लगभग मृत चीज के पेट में समाने का विचार ही वितृष्णा पैदा कर रहा था। उसका मन फिर भटकने और विचित्र दिवास्वप्नों में खोने लगा था जबकि ऐसे दौर लगातार छोटे होते जा रहे थे जब वह साफ-साफ सोच सकता था।

एक बार उसकी बेहोशी कान के पास सिसकारी की आवाज से टूटी। भेड़िया उछलकर पीछे हटा और कमजोरी की वजह से लड़खड़ाकर गिर गया। यह दृश्य मजाकिया था पर उसे मजा नहीं आया। उसे डर भी नहीं लगा। वह इस सबसे परे जा चुका था। लेकिन कुछ देर के लिए उसका दिमाग साफ हो गया और वह लेटे-लेटे सोचने लगा। जहाज अब चार मील से ज्यादा दूर नहीं था। आँखों को रगड़कर कुहासा छाँट देने के बाद वह उसे साफ देख सकता था और झिलमिलाते समुद्र के पानी पर चलती एक छोटी नाव का सफेद पाल भी उसे दिख रहा था। लेकिन वह चार मील तक कभी रेंग नहीं पायेगा। वह यह बात जानता था कि वह आधा मील भी नहीं रेंग सकता था। पर फिर भी वह जीना चाहता था। यह ठीक नहीं था कि इतना सब कुछ सहने के बाद वह मर जाये। किस्मत उससे बहुत ज्यादा तकाजा कर रही थी। और, मरते हुए भी, उसने मरने से इनकार कर दिया। शायद यह निरा पागलपन था, लेकिन मौत के पंजे में जकड़े हुए भी उसने मौत को धता बता दी और मरना नामंजूर कर दिया।

उसने आँखें बन्द कर लीं और भरपूर सावधानी से ध्यान केन्द्रित कर लिया। उसने जी कड़ा कर लिया और उस दमघोंटू शिथिलता को खुद पर हावी नहीं होने दिया जो उसके पूरे बदन में ज्वार की तरह उठ रही थी। यह घातक शिथिलता समुद्र जैसी ही थी, जो धीरे-धीरे उसकी चेतना को डुबो देना चाहती थी। कभी-कभी वह

लगभग डूब ही जाता था; पर विस्मृति के सागर में हाथ-पैर फेंकते हुए अचानक आत्मा की किसी अजीब कीमियागिरी की बदौलत इच्छाशक्ति का कोई तिनका उसके हाथ लग जाता था और वह सधे ढंग से हाथ चलाने लगता था।

वह बिना हिले-डुले चित लेटा रहा। वह बीमार भेड़िये की साँसों की घरघराहट को पास आता सुन सकता था। वह पास आया, और पास; इतना धीरे-धीरे कि उसे लगा समय बीत ही नहीं रहा है।

आदमी ने कोई हरकत नहीं की। भेड़िये की साँसें अब उसके कान पर थीं। खुरदुरी, सूखी जुबान ने रेगमाल की तरह उसके गाल को रगड़ा। उसके हाथ गोली की तरह झपटे-कम से कम उसने चाहा कि वे गोली की तरह झपटें। उसकी उँगलियाँ नुकीले पंजों की तरह मुड़ी हुई थीं, लेकिन वे हवा पकड़कर रह गयीं। फुर्ती और सटीकपन के लिए ताकत चाहिए थी, पर आदमी में इतनी ताकत नहीं थी।

भेड़िये में गजब का धीरज था। आदमी का धीरज भी कम नहीं था। आधे दिन तक वह बेहरकत पड़ा रहा, बेहोशी से लड़ते और उस चीज का इन्तजार करते हुए जो उसका शिकार करना चाहती थी और वह खुद जिसका शिकार करना चाहता था। कभी-कभी वह शान्त समुद्र उस पर हावी हो जाता और वह लम्बे सपनों में डूब जाता, लेकिन इस सबके बीच वह उस घुरघुराती साँस और खुरदुरी जुबान की छुअन का इन्तजार करता रहा।

उसने साँस की आवाज नहीं सुनी और हाथ पर जुबान के स्पर्श से वह एक स्वप्न से धीरे-धीरे जागा। वह इन्तजार करता रहा। भेड़िये के दाँत उसके हाथ पर धीरे से गड़े; दबाव बढ़ने लगा; भेड़िया उस भोजन में दाँत गड़ाने के लिए अपनी सारी ताकत लगा रहा था, जिसके लिए उसने इतना लम्बा इन्तजार किया था। लेकिन आदमी काफी इन्तजार कर चुका था और छिदे हुए हाथ ने जबड़ा पकड़ लिया। धीरे से। भेड़िया छुड़ाने की कमजोर कोशिश कर रहा था और आदमी की पकड़ भी कमजोर थी। फिर उसके दूसरे हाथ

ने भी आकर जबड़े को पकड़ लिया। पाँच मिनट बाद आदमी के शरीर का पूरा वजन भेड़िये के ऊपर था। हाथों में इतनी ताकत नहीं थी कि भेड़िये का गला घोंट सकें, लेकिन आदमी का चेहरा भेड़िये की गर्दन के पास था और उसका मुँह बालों से भरा था। आधे घण्टे बाद आदमी को अपने गले में एक गर्म धार का अहसास हुआ। यह सुखद नहीं था। यह ऐसा था जैसे उसके पेट में जबर्दस्ती पिघला सीसा धकेला जा रहा हो, और सिर्फ उसकी इच्छाशक्ति ही थी जो इसे धकेल रही थी। इसके बाद आदमी लुढ़ककर पीठ के बल लेटा और सो गया।

व्हेल का शिकार करनेवाले जहाज बेडफोर्ड पर एक वैज्ञानिक अभियान दल के कुछ सदस्य भी थे। जहाज के डेक से उन्होंने तट पर एक अजीब सी चीज देखी। वह रेतीले तट को पार करती हुई पानी की ओर आ रही थी। वे इसका वर्गीकरण नहीं कर पा रहे थे, और चूँकि वे वैज्ञानिक लोग थे, इसलिए उसे देखने के लिए जहाज के साथ लगी व्हेल-बोट में सवार होकर तट पर गये। उन्होंने एक ऐसी चीज देखी जो जिन्दा थी पर जिसे इनसान कहना मुश्किल था। वह दृष्टिहीन थी, और चेतनाविहीन भी। वह किसी विशाल कीड़े की तरह जमीन पर रेंगती हुई चल रही थी। उसकी ज्यादातर कोशिशें निष्प्रभावी थीं, लेकिन वह अनवरत ऐंठते, बल खाते हुए शायद बीस फीट प्रति घण्टे की रफ्तार से आगे ही बढ़ रही थी।

इसके तीन हफ्ते बाद वह आदमी बेडफोर्ड के एक केबिन में लेटा था। उसके सूखे गालों पर आँसू ढुलक रहे थे और वह बता रहा था कि वह कौन है और उस पर क्या बीती है। वह अपनी माँ, धूपभरे दक्षिणी कैलिफोर्निया और सन्तरे के बगीचों और फूलों से घिरे एक घर के बारे में भी बहकी-बहकी बातें कर रहा था।

इसके कुछ दिन बाद वह वैज्ञानिकों और जहाज के अफसरों के साथ खाने की मेज पर बैठा था। इतने सारे खाने को देखकर उसकी आँखें फटी पड़ रही थीं और इसे औरों के मुँह में जाते देखकर वह बेचैन हो रहा था। हर निवाले के मुँह में जाते ही उसकी आँखों में

गहरे पछतावे का भाव आ जाता था। उसका दिमाग एकदम दुरुस्त था, फिर भी खाने के समय वह उन लोगों से नफरत करता था। उसे यह डर सताता रहता था कि यह खाना खत्म हो जायेगा। वह खाने के भण्डार के बारे में केबिन ब्वॉय और रसोइये से लेकर जहाज के कैप्टन तक से पूछता रहता था। वे अनगिनत बार उसे आश्वस्त कर चुके थे, पर वह उन पर यकीन नहीं करता था, और खुद अपनी आँखों से देखने के लिए भण्डारखाने में चुपचाप जाकर छानबीन करता रहता था।

लोगों ने देखा कि वह आदमी मोटा हो रहा है। हर बीतते दिन के साथ उसका मोटापा बढ़ता जा रहा था। वैज्ञानिक अचरज से सिर हिलाते और तरह-तरह के सिद्धान्त पेश करते थे। उन्होंने उसका खाना कम कर दिया, फिर भी उसका पेट निकलता ही गया।

जहाजी यह सब देखकर हँसते थे। वे इसका राज जानते थे। और जब वैज्ञानिकों ने आदमी पर नजर रखनी शुरू की तो वे भी जान गये। उन्होंने देखा कि नाश्ते के बाद वह अपनी बेढंगी चाल से किसी जहाजी के पास जाता था और भिखारी की तरह उसके सामने हाथ फैला देता था। जहाजी हँसते हुए उसे बिस्कुट का एक टुकड़ा पकड़ा देता था। वह लालची निगाह से उसे देखता था, जैसे कोई कंजूस सोने को देखता है, और फिर उसे अपनी कमीज के अन्दर डाल लेता था। दूसरे जहाजी भी हँसते हुए ऐसा दान करते रहते थे।

वैज्ञानिक समझदार थे। उन्होंने उसे अकेला छोड़ दिया। लेकिन उन्होंने चुपके से उसका बिस्तर देखा। उसके किनारे-किनारे सख्त जहाजी बिस्कुट की ढेरियाँ थीं। उसके गद्दे में बिस्कुट भरा था; हर कोना-अँतरा बिस्कुट से भरा था। फिर भी उसका दिमाग एकदम दुरुस्त था। वह किसी और सम्भावित संकट से बचाव के उपाय कर रहा था-बस इतनी सी बात थी। वैज्ञानिकों ने कहा कि वह इससे उबर जायेगा; और सैन फ्रांसिस्को की खाड़ी में बेडफोर्ड के लंगर डालने से पहले वह उबर गया।

OO

गोश्त का टुकड़ा

खाने का आखिरी कौर मुँह में डालते ही और ब्रेड के आखिरी टुकड़े से प्लेट में लगी आटे की ग्रेवी को पोंछते हुए टॉम किंग को लगा कि जैसे वह भूखा ही रह गया है। उसने आखिरी कौर बहुत धीरे-धीरे और ध्यानावस्थित मूड में खाया था। घर के अन्य सदस्य तो भूखे ही रह गए थे। दूसरे कमरे में दो बच्चों को जल्दी ही सुला दिया गया था, जिससे वह संभवतः यह भूल जाएँ कि वे भूखे ही सो गए थे। उसकी पत्नी ने भी कुछ नहीं खाया था। वह याचना भरी निगाहों से चुपचाप देख रही थी। वह कामकाजी श्रेणी की दुबली-पतली स्त्री थी, जिसका शरीर अब ढल चुका था, पर चेहरे पर सुंदरता के चिह्न अभी भी देखे जा सकते थे। ग्रेवी या शोरबा बनाने के लिए उसने आटा हॉल के दूसरे छोर पर रहनेवाली पड़ोसिन से माँगा था। आखिरी दो पेनी से ब्रेड खरीदी गई थी।

वह खिड़की के साथ एक टूटी-फूटी कुरसी पर जाकर बैठ गया था, जिस पर कुरसी की सीट ने थोड़ा उसके वजन की वजह से प्रतिवाद किया था। बिल्कुल मशीन की भाँति अपना हाथ पैंट की जेब में डालकर निकाला। उसने पाइप को मुँह से लगा लिया और फिर उसने कोट की साइड पॉकेट में हाथ डाला, जिससे उसे कुछ तंबाकू मिल जाए। पर उसे निराशा ही हाथ लगी। तंबाकू न

होने से उसे अपने काम का पता चला कि वह क्या कर रहा था और अपने भुलक्कड़पन पर उसने अपनी त्यौरी चढ़ाई तथा अपना पाइप अलग रख दिया। उसका चलना-फिरना बहुत सुस्त था, जिससे उसे अपने भारी-भरकम शरीर को, जो उसकी मांसपेशियों से दबा जा रहा था, उसे हिलाने-डुलाने में असमर्थ था। उसका शरीर ठोस था तथा चेहरे पर निर्विकार भाव था। उसके चेहरे में कुछ ऐसी बात नहीं थी, जो किसी को अपनी ओर आकृष्ट कर सके। उसका जूता भी जीर्ण-शीर्ण था-उसका ऊपरी हिस्सा भी काफी कमजोर था तथा उसके भारी सोल को खींच नहीं पा रहा था, जिसकी पहले रि-सोलिंग करवाई गई थी। उसकी सूती शर्ट, जिसके कॉलर अब फटनेवाले थे तथा जिस पर न मिटाए जानेवाले दाग, पेंट (रंग-रोगन) के धब्बे पड़े थे, जो केवल 2 शिलिंग वाली सस्ती सी शर्ट थी।

पर टॉम-किंग का यह चेहरा, जो बिना किसी गलती के यह चीज बता रहा था कि वह एक टिपिकल प्राइज-फाइटर (इनाम जीतनेवाला) है, जिसने कि कई साल तक एक वर्गाकार बॉक्सिंग रिंग को अपनी सेवाएँ प्रदान की थीं, यानी वह एक पेशेवर बॉक्सर (मुक्केबाज) रह चुका था और उसके चेहरे पर पड़े निशान वही कहानी बयान कर रहे थे। उसके चेहरे के नीचे आनेवाली मुखाकृति कुछ ऐसी थी, जिससे उसके चेहरे का कोई भी फीचर आप नोटिस किए बिना नहीं रह सकते थे। उसकी दाढ़ी भी बनी हुई थी। उसके होंठों का कोई आकार नहीं था तथा उसकी एक साथी का मुँह ऐसा था, जिससे लगता था कि वह ज्यादतिया 'सह' चुकी है तथा चेहरे पर एक चाकू के निशान जैसा था। उसका जबड़ा भी हमलावर भाव लिये तथा भारी था। आँखों का चलना बहुत धीमा

था और पलकें भारी थीं-वे भारी भावों के नीचे भावशून्य थीं। वह एक पशु की भाँति था और उसके फीचर भी किसी पशु की तरह ही थे। शेर की भाँति उसकी उनींदी आँखें एक लड़ाकू जानवर की भाँति थीं। झुकावदार माथा जाकर सिर के बालों से लग जाता था, जो छोटे-छोटे कटे हुए थे-उसमें से एक खलनायक की तरह कई जगह गुल्म पड़े हुए थे, जोकि एक खलनायक की भाँति लग रहे थे। एक नाक, जो दो बार टूट गई थी और उन अनगिनत घूँसों से उसकी बनावट ही बिगड़ गई थी तथा एक कान गोभी के फूल की भाँति हो गया था और फूलकर-बिगड़कर दुगने आकार का हो गया था। कुल मिलाकर यही उसकी सजावट थी, जबकि ताजी बनी दाढ़ी पर छोटे-छोटे बाल फिर से उग आने से नीली काली सी दिख रही थी।

कुल मिलाकर यह एक ऐसे आदमी का चेहरा था, जिसे यदि आप अकेले किसी गली में या अँधेरी गली में उसे मिल जाए तो आप अवश्य ही डर जाएँगे। फिर भी टॉम किंग कोई अपराधी नहीं था, न उसने कभी कोई अपराध ही किया था। झगड़े-झंझट जो उसके पेशे में एक आम बात होती है, पर उसने कभी किसी का कोई नुकसान नहीं किया था। न उसने कभी किसी से कोई झगड़ा अपने आप किया था। वह एक पेशेवर था और उसने अपनी सारी क्रूरता अपने पेशेवर खेल के लिए सुरक्षित रखी हुई थी। रिंग के बाहर वह एक सुस्त, धीरे-धीरे काम करनेवाला और विनम्र प्रकृति का व्यक्ति था। अपनी जवानी के दिनों में जब प्रचुर मात्रा में पैसा आ रहा था, तब वह खुले हाथों से खर्च करता था अपनी भलाई के लिए। उसको किसी से कोई शिकायत या बुरी भावना नहीं थी और उसके बहुत कम शत्रु थे। लड़ना (बॉक्सिंग) उसका बिजनेस था।

रिंग में वह प्रतिद्वंद्वी को घायल करने के लिए, उनको अपंग करने के लिए या उनको नेस्तनाबूद करने के लिए वार करता था-घूँसा मारता था, पर उसके अंदर कोई पशुता नहीं थी। यह तो बस, केवल एक सौदे का हिस्सा था। जो व्यक्ति जीतता था, वह ज्यादा राशि लेकर वहाँ से जाता था। दर्शक उनको लड़ते हुए देखने के लिए, एक-दूसरे को 'नॉक-आउट' करने के लिए पैसा देकर अंदर आते थे। जब 20 साल पहले वह उलूमूल गाउडार के साथ लड़ा था तो उसको पता था कि गाउडार का प्रतिद्वंद्वी को घायल करने के लिए, उनको अपंग करने के लिए या उनको नेस्तनाबूद करने के लिए वार करता था-घूँसा मारता था, पर उसके अंदर कोई पशुता नहीं थी। यह तो बस, केवल एक सौदे का हिस्सा था। जो व्यक्ति जीतता था, वह ज्यादा राशि लेकर वहाँ से जाता था। दर्शक उनको लड़ते हुए देखने के लिए, एक-दूसरे को 'नॉक-आउट' करने के लिए पैसा देकर अंदर आते थे। जब 20 साल पहले वह उलूमूल गाउडार के साथ लड़ा था तो उसको पता था कि गाउडार का जबड़ा केवल 4 महीने पहले ही न्यू कासल में एक द्वंद्व में टूटा था। उसने इसी बात को ध्यान में रखते खेल खेलना शुरू किया था और अंततोगत्वा नौवें राउंड में उसने गाउडार के जबड़े को तोड़ दिया था। इसलिए नहीं कि उसे गाउडर के प्रति दुर्भावना थी और न ही गाउडार को उसके प्रति कोई दुर्भावना थी, यह तो खेल का एक भाग था। दोनों को ही खेल पता था और दोनों ही खेले।

टॉम किंग कभी भी बातूनी नहीं था और एक खिड़की के साथ चुपचाप अपने हाथों को देखते हुए बैठा था। उसके हाथ के ऊपर की नस अब उभर आई थी, बड़ी-बड़ी और फूली हुई उँगलियों की गाँठ भी अब बुरी तरह दबी-कुचली और विकृत हो गई थी।

जिससे यह पता चलता था कि इनका क्या इस्तेमाल हो रहा था। उसको यह तो पता नहीं था कि एक आदमी का जीवन उसकी धमनियों का जीवन होता है। उसके दिल ने पूरे दबाव के साथ उन धमनियों से रक्त को पंप किया था। अब वे काम नहीं कर रही थीं। उसने उनके अंदर जो लचीलापन था, उसे निचोड़ लिया था और उनके लटक जाने से उसकी सहनशक्ति कम हो गई थी। अब वह जल्दी ही थक जाता था। अब वह तेजी से 20 राउंड फाइट नहीं कर सकता था। हैमर और रांग्स; फाइट, फाइट, फाइट, शुरू से अंत तक घंटा बजने-घंटा बजने, उसके बाद फिर भयानक रैली, फिर रैली, रैली, जिससे उसका प्रतिद्वंद्वी कभी रोप (रस्सी की) तक पहुँचा देता था या फिर वह अपने प्रतिद्वंद्वी को रोप तक पहुँचा देता था। आखिरी 20वें मुकाबले में सबसे ज्यादा भयानक और तेज रैली होती थी और भीड़ खड़े होकर खूब जोर-जोर से चिल्लाने लगती थी। वह खुद भी दौड़कर जाता था, घूँसा मारता था, फिर 'डक' कर जाता था और फिर तो घूँसों की बौछार हो जाती थी तथा उसके ऊपर भी जवाबी हमले में घूँसों की बौछार होती थी और उस समय उसका दिल जोर-जोर और तेजी से उसकी नसों में खून पंप करता रहता था। वे नसें, जो उस वक्त खूब फूल गई थीं, जो बाद में फिर सिकुड़ जाती थीं, पर हर बार उतना नहीं सिकुड़ पाती थीं। पहले तो वह दिखती नहीं थीं, पर पहले से थोड़ा ज्यादा। वह उनको घूर-घूरकर देखता था। उसकी टूटी-फूटी घायल उँगलियों की गाँठें, उसको अपनी जवानी के दिनों की याद आ गई और अपने उस घूँसे की, जिसने बेन जोन्स, जो 'वेन्श टेरर' के नाम से भी जाना जाता था, उसका माथा फोड़ दिया था।

उसकी भूख फिर से वापस आ गई।

"ब्लाइमी, क्या मुझे स्टीक का एक टुकड़ा मिल सकता है?" उसने अपनी मुट्ठी को भींचते हुए हलके स्वर में अदब के साथ बोला।

"मैंने बर्कस और सालेज दोनों पर देखा।" थोड़ी क्षमा-याचना के स्वर में उसकी पत्नी ने कहा।

"और उन्होंने नहीं दिया!" उसने जानना चाहा।

"हाफ पेनी वाला नहीं है।" बर्क ने कहा। वह जरा लड़खड़ाती जुबान से बोली, "वह क्या कहता?"

"और वह क्या सोच रहा था कि आज रात सैंडल क्या करेगी और तुम्हारा स्कोर क्या आराम से बड़ा होगा।" टॉम किंग घुरघुराया, उसने कोई उत्तर नहीं दिया।

वह उस बुल टेरियर के बारे में सोच रहा था, जो उसने अपनी युवावस्था में पाला हुआ था और जिसको वह अनगिनत स्टीक (गोश्त के टुकड़े) खिलाया करता था; बल्कि उन दिनों वह उसे हजारों स्टीक खाने का श्रेय दे सकता था। पर अब वह समय बदल गया था। टॉम किंग अब बूढ़ा हो चला था और बूढ़े आदमी अन्य सेकंड रेट क्लब के विरुद्ध खेलता था तथा ऐसे में दुकानदारों के साथ वह ज्यादा उधारी नहीं कर सकता था। वह जब सुबह उठा था, तभी से उसे गोश्त खाने की इच्छा हो रही थी और वह अभी तक मरी नहीं थी। आज की फाइट के लिए उसे अच्छी सी ट्रेनिंग भी नहीं मिली थी। ऑस्ट्रेलिया में इस साल सूखा पड़ गया था। समय बहुत कठिन चल रहा था और यहाँ तक कि अनियंत्रित काम तक उसे नहीं मिल पा रहा था तथा उसके साथ मुक्केबाजी

करनेवाला कोई पार्टनर भी नहीं मिल रहा था-खाना भी पर्याप्त नहीं मिल पा रहा था। वह डोमेन के चारों ओर दौड़ने भी गया था, जिससे उसके पाव शेप में आ जाए, पर बिना किसी पार्टनर के ट्रेनिंग कर रहा था। उसको एक अदद बीवी और दो बच्चों का पेट भी भरना था। बमुश्किल उस क्लब के मैनेजर ने उसे 3 पौंड अग्रिम राशि दी थी-जोकि दंगल में हारनेवाले खिलाड़ी को मिलती थी। कभी-कभी वह अपने पुराने दोस्तों से उधार ले लिया करता था-जोकि सूखा पड़ने के कारण ज्यादा पैसे देने की हालत में नहीं थे, क्योंकि ऑस्ट्रेलिया में सूखे की स्थिति थी। इस तथ्य को छुपाने की कोई जरूरत नहीं थी कि उसकी ट्रेनिंग संतोषजनक नहीं हुई थी। उसको बेहतर खाने और चिंतामुक्त होना चाहिए था। इसके अलावा जब एक आदमी 40 वर्ष का हो जाता है, तब उसका 20 साल की अवस्था में आना बहुत कठिन होता है।

"क्या समय हुआ है, लिज्जी?" उसने पूछा।

वह हॉल के उस पार तक गई और समय पूछकर आई।

"पौने आठ।"

वे लोग पहला 'बाउट' (द्वंद्व) कुछ ही क्षणों में शुरू करनेवाले होंगे। पर यह केवल एक ट्रायल होगा। फिर एक चार राउंड की मुक्केबाजी डीलर वेल्स और ग्रिडले के बीच होगी और उसके बाद फिर स्टाइलाइट और किसी नेवी के लड़के के साथ 10 राउंड की मुक्केबाजी होगी। इन सबमें एक घंटे से अधिक का समय लग जाएगा।

दस मिनट की चुप्पी के बाद वह डरकर खड़ा हुआ और बोला, "लिजी, सच तो यह है कि मुझे सही-सही ट्रेनिंग नहीं मिल पाई।"

वह अपने घर के दरवाजे की ओर बढ़ा। उसने लिजी को किस

करने का प्रयास नहीं किया–वह बाहर जाते समय कभी करता भी नहीं था, पर आज रात को उसने हिम्मत करके उसको किस करने की कोशिश की, उसको अपनी बाहों में भर लिया और उसे उसको झुककर चुंबन देना ही पड़ा। उस भारी-भरकम आदमी के सामने वह बहुत छोटी लग रही थी। 'गुड लक टॉम, तुमने उसको हराना ही है।' 'हाँ, मुझे उनको हराना ही है।' उसने दोहराया, 'यही सबकुछ है इस खेल में, मुझे उनको किसी प्रकार हराना ही है।' उसने उसका कसकर आलिंगन किया और दिल खोलकर हँसा। उसके कंधों के ऊपर से उसने अपने खाली कमरे की ओर देखा। यही उसके पास दुनिया में सबकुछ था। कमरे का किराया भी बहुत दिनों से बकाया था और वह थी तथा बच्चे थे। और वह रात में बाहर जा रहा था, अपनी संगिनी और बच्चों के लिए गोश्त का इंतजाम करने के लिए, उस आधुनिक आदमी की तरह, जो मशीन के ऊपर काम करने जाता है, बल्कि उस आदिवासी आदमी की तरह, जो सुबह अपने घर से शाही, पशु की तरह से फाइट करके, अपने बच्चों और परिवार के लिए भोजन जुटाते थे। 'मुझे उनको हराना ही है,' वह धीरे से मन में ही बुदबुदाया। उसकी आवाज में इस बार थोड़ी निराशा की झलक थी, यदि मैं जीत जाता हूँ तो मुझे 30 पौंड मिलेंगे और तब मैं अपना सारा उधार चुका सकता हूँ। और यदि मैं हार गया तो मुझे एक पेनी भी नहीं मिलेगा, ताकि मैं ट्राम में बैठकर घर पहुँच जाऊँ। क्लब सेक्रेटरी ने उसे, जो कुछ भी देना था, हारने पर वह रकम मुझे पहले ही दे दी थी, "गुड बाई, मेरी प्यारी पत्नी! यदि यह सीधी-सीधी जीत हुई तो मैं सीधे घर ही आऊँगा।"

"और मैं तुम्हारा इंतजार करूँगी," उसने हॉल में ही उससे कहा।

"मेरा क्लब वहाँ से पूरे 2 मील था और जब वह चलते हुए जा रहा था तो उसे याद आया कि उसके अच्छे दिन कैसे थे! कभी वह 'हेवी-वेट' श्रेणी में न्यू साउथ-वेल्स में चौंपियन हुआ करता था और वह कैब में बैठकर मैच के लिए जाया करता था। और किस प्रकार से उसका समर्थन करनेवाला उसके साथ बैठकर वापस कैब में आता था, जिसका किराया भी वही देता था। तब टॉमी बर्न्स और योकीन (अमेरिकन) सिंगर जैक जॉनसन था-वे सब मोटरकार में चला करते थे। वह चल रहा था तथा किसी भी आदमी के लिए दो मील चलकर जाना और फिर फाइट करना अच्छी शुरुआत नहीं थी। वह अब एक बूढ़ा आदमी था और दुनिया बूढ़े लोगों के साथ अच्छे से नहीं चल पाती है। नेकी का काम छोड़कर अब वह किसी काम लायक नहीं रह गया था और उसमें भी उसकी टूटी हुई नाक तथा फूले हुए कान! उसको वहाँ पर भी काम मिलने में दिक्कत थी। वह कोई और काम या ट्रेड सीख लेता तो कितना अच्छा होता, वह सोच रहा था। पर यह उसको किसी ने नहीं बताया। पर अंदर-ही-अंदर उसको यह पता था कि शायद वह उनकी सुनता ही नहीं। इतना आसान था-तेजी से बड़ी-बड़ी मुक्केबाजी-बीच-बीच में आराम करने का और घावों के ठीक होने का समय, प्रशंसकों की एक बड़ी भीड़, हाथ मिलाना और कंधों पर थपकियाँ। कुछ लोग तो उससे पाँच मिनट बातचीत करने के लिए ड्रिंक पिलाने को भी तैयार रहते थे। और उन सबके बीच स्टैंड्स में तमाम जोर-जोर से चिल्लाने की आवाजें और खेल की तूफानी समाप्ति। रेफरी का कहना, "किंग, जीत गया।" और फिर अगले दिन अखबारों के स्पोर्ट्स कॉलम में उसका नाम मैच के परिणाम के साथ।

वह ऐसा समय था, पर अब उसकी समझ में आया, अपनी सुस्त

मति से सोचने से, कि वे लोग भी पुराने हो गए थे, जिनको वह रिंग में हरा देता था। वह युवा था और ऊपर चढ़ रहा था तथा वह लोग उम्रदराज थे तथा अब उतार पर थे। कोई आश्चर्य नहीं कि यह उसके लिए आसान था-उनकी नसें सूज गई थीं और उँगलियों की गाँठें भी टूट-फूट गई थीं तथा हड्डियाँ भी कमजोर हो गई थीं, उन तमाम द्वंद्वों से, जो उन लोगों ने लड़ा था, उसने उस समय को याद किया, जब उसने रश-कटर्स में पुराने खिलाड़ी स्टाउशर बिल को हराया था और किस प्रकार से बच्चों की तरह बिल उस रात को ड्रेसिंग रूम में रोया था। हो सकता था कि उसके भी घर का किराया बकाया हो तथा घर में पत्नी और बच्चे हों! और शायद बिल भी उसे दिन मांस के एक टुकड़े के बिना भूखा रहा हो! बिल ने पूरी ताकत से खेल खेला था और उसकी बहुत पिटाई भी हुई थी। अब उसको यह सब समझ में आ रहा था, जब वह खुद इस प्रकार की स्थिति में था। उस दिन स्टाउशर बिल ज्यादा दाँव के लिए खेला था। उस रात को, 20 साल पहले, उस युवा टॉम किंग के मुकाबले में, जिसने कि यश और धन के लिए खेला था। वेल शुरू करने के लिए खेल का यही नियम था कि एक आदमी सीमित, इतनी ही 'फाइट्स' द्वंद्व खेल सकता था। एक आदमी की सामर्थ्य 100 मुकाबलों की हो सकती है तो दूसरे की केवल 20 मुकाबले की, प्रत्येक खिलाड़ी का खेल इस बात पर निर्भर करता था कि उसके अंदर कितनी ताकत है। जब वह इतने मुकाबले लड़ लेता है तो फिर वह इस खेल के लायक नहीं रहता है। और वह तो अपनी कूबत से ज्यादा मुकाबले लड़ चुका था और उसके हिस्से में जिनको वह रिंग में हरा देता था। वह युवा था और ऊपर चढ़ रहा था तथा वह लोग उम्रदराज थे तथा अब उतार पर थे। कोई आश्चर्य

नहीं कि यह उसके लिए आसान था–उनकी नसें सूज गई थीं और उँगलियों की गाँठें भी टूट–फूट गई थीं तथा हड्डियाँ भी कमजोर हो गई थीं, उन तमाम द्वंद्वों से, जो उन लोगों ने लड़ा था, उसने उस समय को याद किया, जब उसने रश–कटर्स में पुराने खिलाड़ी स्टाउशर बिल को हराया था और किस प्रकार से बच्चों की तरह बिल उस रात को ड्रेसिंग रूम में रोया था। हो सकता था कि उसके भी घर का किराया बकाया हो तथा घर में पत्नी और बच्चे हों! और शायद बिल भी उसे दिन मांस के एक टुकड़े के बिना भूखा रहा हो! बिल ने पूरी ताकत से खेल खेला था और उसकी बहुत पिटाई भी हुई थी। अब उसको यह सब समझ में आ रहा था, जब वह खुद इस प्रकार की स्थिति में था। उस दिन स्टाउशर बिल ज्यादा दाँव के लिए खेला था। उस रात को, 20 साल पहले, उस युवा टॉम किंग के मुकाबले में, जिसने कि यश और धन के लिए खेला था। वेल शुरू करने के लिए खेल का यही नियम था कि एक आदमी सीमित, इतनी ही 'फाइट्स' द्वंद्व खेल सकता था। एक आदमी की सामर्थ्य 100 मुकाबलों की हो सकती है तो दूसरे की केवल 20 मुकाबले की, प्रत्येक खिलाड़ी का खेल इस बात पर निर्भर करता था कि उसके अंदर कितनी ताकत है। जब वह इतने मुकाबले लड़ लेता है तो फिर वह इस खेल के लायक नहीं रहता है। और वह तो अपनी कूबत से ज्यादा मुकाबले लड़ चुका था और उसके हिस्से में तमाम कठिन और संघर्षपूर्ण लड़ाइयाँ आ चुकी थीं, जिससे उसके दिल और फेफड़े ज्यादा–से–ज्यादा काम कर चुके थे और अब लगता है कि उसके फेफड़े और दिल फट जाएँगे, जिससे हमारी धमनियों का लचीलापन खत्म हो जाएगा और उसमें गाठें पड़ गई, जो उस युवा की पतली नसों की ताकत भी

कम पड़ गई थी। उसका दिमाग और हड्डियाँ सब अब घिस-पिट गए थे, अधिक सहने के कारण; हाँ, उसने उन सबसे बेहतर किया था। अब उसके कोई भी पुराने लड़नेवाले पार्टनर्स नहीं रह गए थे। वे सब अब खत्म हो गए थे और कुछ के खत्म होने में उसका भी हाथ था।

उन्होंने उसको पुराने साथियों के साथ भी लड़ाया, पर एक-एक करके उसने उन सबको परास्त कर दिया-हँसते हुए। उसी प्रकार वे ड्रेसिंग रूम में जाकर रोए थे, जैसे कि स्टाउशर उस दिन ड्रेसिंग रूम में रो रहा था। और अब वह पुराना पड़ गया था और वे उसके खिलाफ युवा लड़कों को लड़वा रहा था। अब यह लड़का सैंडल, जो न्यूजीलैंड से आया था और कई रिकार्डधारी था, पर उसके बारे में ऑस्ट्रेलिया में किसी को कुछ भी पता नहीं था, अतएव उसी को उन्होंने टॉम सैंडल के खिलाफ खड़ा कर दिया था। अगर सैंडल ने अच्छा प्रदर्शन किया तो फिर आगे उसे बेहतर मुक्केबाजों के साथ लड़वाएँगे। यदि टॉम किंग ने अच्छा खेल दिखाया तो फिर उसे बेहतर इनामी राशि मिल सकती थी। अतएव यह पता था कि घमासान लड़ाई होनेवाली थी। सैंडल की इस लड़ाई से-धन, राश और एक अच्छा कॅरियर तथा टॉम किंग एक पुरानी सफेद बालों वाला एक पुराना चौपिंग-ब्लॉक, जो प्रसिद्धि और भाग्य के हाइवे की रक्षा कर रहा था। उसके पास कुछ भी नहीं था तथा उसको और कुछ नहीं चाहिए था, 30 डॉलर के अलावा, जिससे उसको मकान मालिक का किराया और बनिया का उधार चुकाना था। टॉम किंग इसी प्रकार से भावशून्य आखों से सोच-विचार कर रहा था। उसको अपनी जवानी के दिन याद आ रहे थे, जब वह एक यशस्वी युवा था, जोकि ऊपर को उठ रहा था और अभेद्य उसकी

मांसपेशियाँ लचीली थीं और त्वचा सिल्क की तरह मुलायम। उसके दिल और फेफड़े की मांसपेशियाँ, जो कभी भी थकी हुई और फटी हुई नहीं थीं और वह अपनी कोशिशों की सीमा पर हँस रही थीं। जगनी एक पाप का दंड देनेवाली देवी थी। उसने पुराने लोगों को खत्म कर दिया था, बिना इस बात की परवाह किए कि इस प्रक्रिया में वह खुद भी नष्ट हो रहा था। इससे उसकी रक्त की धमनियाँ बढ़ गई थीं और उसकी उँगलियों की गाठें कुचल गई थीं। जवानी द्वारा नष्ट कर दी गई थी, क्योंकि युवावस्था हमेशा जवाँ-भरी होती है। यह तो अपनी आयु है, जो बढ़ती रहती है।

कैसलरीय स्ट्रीट पर वह बाएँ मुड़ गया और वहाँ से 3 ब्लॉक दूर ग्रयटी क्लब था, जहाँ उसका मैच होना था। यहाँ भी गेट पर कई लड़के खड़े थे, जिन्होंने उसको पहचानकर आदर से अंदर जाने का रास्ता दे दिया। उन्होंने एक-दूसरे से कहा, 'यह टॉम किंग है।'

अंदर ड्रेसिंग रूम में जाते समय वह सेक्रेटरी से मिल लिया, जो युवा था तथा जिसकी आँखें बड़ी तेज थीं और चेहरे से चालाकी टपकती थी। उसने उससे हाथ मिलाते हुए पूछा, "आप कैसा महसूस कर रहे हैं, टॉम?" "बिल्कुल फिट और फाइन।" किंग ने कहा; पर उसको अंदर से पता था कि यदि उसके पास कुछ पैसे होते तो वहीं पर स्टीफ का एक टुकड़ा लेकर खा लेता।

जब वह ड्रेसिंग रूम से बाहर निकला तो उसके सहायक उसके पीछे-पीछे चल रहे थे तथा उसके साथ हॉल में बने वर्गाकार रिंग तक आए। बैठी हुई भीड़ ने उसका तालियों की गड़गड़ाहट के साथ स्वागत किया। उसने उनके सैल्यूट का दाएँ-बाएँ हाथ हिलाकर जवाब दिया, यद्यपि वह कुछ ही लोगों को पहचान पाया, क्योंकि भीड़ में अधिकतर लोग युवा थे, जो उस वक्त संभवत: पैदा भी

नहीं हुए थे, जब वह अपनी प्रतियोगिताएँ जीत रहा था। वह थोड़ा सा कूदकर उस प्लेटफॉर्म पर चढ़ गया, जिस पर रिंग बना हुआ था तथा रस्सी के उस फोल्डिंग स्टूल पर बैठ गया। जैक बाल रेफरी ने उसके पास आकर उससे हाथ मिलाया। उसे खुशी हुई कि उसे रेफरी जैक बाल मिला था, जो उसे पहले से ही जानता था और पुराना खिलाड़ी था, जिसे कई जगह चोट लगी हुई थी। बाल एकछत्र विश्व मुक्केबाज था और उतने सालों से वह कभी रिंग में उतरा नहीं था। उसको उम्मीद थी कि वह उसके साथ नरमी से बरताव करेगा। उसे भरोसा दिया बाल ने तथा महत्त्वकांक्षी युवा भारी वजनवाले मुक्केबाज भी एक-एक करके रिंग में चढ़ रहे थे और वे रेफरी द्वारा दर्शकों के सामने परिचय के साथ पेश किए जा रहे थे। साथ में उन लोगों को भी, जो उन्हें चुनौती देनेवाले थे।

"युवा प्रोटो", बिल ने घोषित किया, "सिडनी से 50 पौंड के लिए जीतनेवाले को चुनौती दे रहा है।"

दर्शकों ने तालियाँ बजाई और दुबारा फिर बजाई, जब सैंडल रस्सियों के बीच से कूदकर और एक कोने में बैठ गया। टॉम किंग ने भी बहुत जिज्ञासा से अपने कोने से देखा; कुछ ही मिनट बाद वे मुक्केबाजी में एक-दूसरे के सामने होंगे। निर्दयता से, उसमें से प्रत्येक एक-दूसरे को दयाहीनता से हराने की पूरी कोशिश करेगा। पर वह ज्यादा कुछ नहीं देख सका, क्योंकि सैंडल ने अपने कास्ट्यूम के ऊपर स्वेटर और पैंट पहन रखी थी। उसका चेहरा बहुत ही खूबसूरत था और सर पर पीले रंग के बाल थे। उसकी गरदन मोटी मांसल थी, जिससे उसके सारे शरीर का पता चलता था।

युवा प्रोटो, रिंग के एक कोने तक प्रिंसिपल्स से हाथ मिलाते

हुए गया और फिर रिंग के बाहर कूद गया। उसके बाद फिर एक बार चुनौतियों की घोषणा हुई। एवरयूथ कूदकर आया। यूथ को जहाँ कोई नहीं जानता था, पर उसकी प्यास बुझी नहीं थी, जो मानवता के सामने चीख-चीखकर कह रही थी कि अपनी शक्ति और कौशल के बल पर वह किसी भी विजेता की वाह-वाही कर सकता था। कुछ सालों पहले टॉम किंग भी यह सोचता था कि अपने अच्छे दिनों में वह अभेद्य था। टॉम किंग मन-ही-मन हँसता तथा इस तरह की औपचारिकताओं से बोर हो जाता था। परंतु अभी वह मंत्रमुग्ध था तथा 'यूथ' की छवि को अपने मन में उतारने से हटा नहीं पा रहा था। पर यह तो जवान लोग थे तथा मुक्केबाजी के उभरते हुए खिलाड़ी। वे पुराने खिलाड़ियों के शरीर के ऊपर चढ़कर ऊपर उठना चाहते थे तथा वे हमेशा आए जा रहे थे-युवा लोग, जिनकी प्यास जीत के लिए अभी बुझी नहीं थी तथा वे चिल्ला-चिल्लाकर चुनौती दे रहे थे और हमेशा ही पुराने मुक्केबाजों को धराशायी कर देते थे। इस प्रक्रिया में वे भी पुराने पड़ जाते थे तथा ढलान के रास्ते पर चल निकलते थे। जबकि उनके ऊपर भी हमेशा की भाँति शाश्वत जवाँ लोग, नए-नए युवा लोग अपने से बुजुर्ग खिलाड़ियों को हराने में लगे रहते थे-और उनके पीछे भी और नए-नए बच्चे आते जा रहे थे और यह चक्र यों ही अनवरत चलता रहता है, कभी समाप्त नहीं होता है।

किंग ने प्रेस-बॉक्स की ओर देखा और स्पोर्ट्समैन के. मोर्गन और रेफरी के. कॉर्वेर को हाथ हिलाकर अभिवादन किया। फिर उसने अपना हाथ आगे को किया तथा जब सहायक उसको ग्लव्स पहना रहे थे और उसके फीते को कस रहे थे। जिसको काफी नजदीकी से सैंडल का सेकंड ध्यान से देख रहा था तथा

सैंडल को भी ग्लव्स पहना रहा था। सैंडल का ट्राउजर उतार दिया गया था और जैसे-जैसे वह आगे बढ़ रहा था, उसका स्वेटर भी उतार दिया गया था। अब टॉम किंग जो देख रहा था, वह भरपूर यौवन का अवतार था, गहरी छाती, भारी-उभरी नसें और ऐसी कसी हुई मांसपेशियाँ, जैसे कि उनके ऊपर से सिल्क फिसल जाएगा। उसका सार शरीर जीवंत था तथा टॉम किंग यह जानता था कि वह एक ऐसा जीवन था, जिसकी ताजगी कभी भी रिस-रिसकर बाहर नहीं आई थी लंबी-लंबी द्वंद्वो के बीच से, जबकि उसकी जवानी धीरे-धीरे उसका खामियाजा भुगत रही थी, वह जवानी जोकि जितनी जल्दी आई, उतनी ही जल्दी चली गई। वह दोनों आदमी एक-दूसरे से मिलने आगे बढ़े और जैसे ही घंटा बजा और उनके सहायक अपने-अपने फोल्डिंग स्टूल लेकर बाहर निकले, उन दोनों प्रतिद्वंद्वियों ने हाथ मिलाया और फिर तुरंत ही लड़ाई की मुद्रा में आ गए, जैसे कि स्टील और स्प्रिंग का कोई यंत्र हो, जो किसी हेयर ट्रिगर पर संतुलन में हो। सैंडल बार-बार उसको घूँसे पर घूँसे मार रहा था, कभी बाएँ से आँखों पर तो कभी दाएँ से पसलियों पर और जब उस पर कोई वार किया जाता तो वह उसे नीचे झुककर डक कर जाता था तथा शैतानी से नाचते हुए पीछे को हो जाता था। वह बहुत तेज तथा चालाक था, उसका प्रदर्शन बहुत चमकदार था। सारे दर्शकगणों ने तालियों की गड़गड़ाहट से स्वागत किया। परंतु इन सब चीजों का कोई असर नहीं पड़ा था। उसने बहुत मुकाबले लड़े थे और कई युवाओं से भी वह जानता था कि यह घूँसे कितने जोरदार थे और बहुत तेज तथा निपुण तथा कितने खतरनाक थे। यह साफ था कि सैंडल शुरू से ही जल्दी से गेम खत्म करना चाहता था। आशा की जा रही थी,

जवान लोग की सोच ऐसी ही होती है। वह अपना सारा जलवा तथा अपना सारा कौशल अपनी भयानक आक्रामकता, उसकी तो आशा थी ही। जवानी अपने सारे वैभव पर थी और अपनी उत्कृष्टता तथा जंगली प्रदर्शन से वह अपने विरोधी पर हावी हो जाता था, अपनी महिमा, ताकत तथा इच्छा-शक्ति पर सैंडल रिंग में यहाँ-वहाँ सब जगह था, अंदर-बाहर, क्योंकि वह हलके-पाँवों वाला और उत्सुक दिलवाला था-वह सफेद मांस और बुझनेवाली मशाल का जीवित आश्चर्य था। इन सबके बल पर वह अपने प्रतिद्वंद्वी पर तगड़ा हमला बोलता था। वह एक उड़ती हुई चिड़िया (शटल) की तरह एक प्रकार के ऐक्शन से दूसरे प्रकार के ऐक्शन में चला जाता, यानी अपनी फुरती से अपना पैंतरा बदल लेता था। इस प्रकार से वह टॉम किंग को हराने के लिए हजारों पैंतरों, दाँव-पेंचों का प्रयोग करता था। वहीं टॉम किंग, जो उसके और उसके भाग्य के बीच में था। और टॉम किंग उसके प्रहारों को धैर्यपूर्वक सहन कर रहा था। उसको अपना काम पता था। उसको यह भी पता था कि जवानी क्या थी और अब उसकी युवावस्था नहीं थी। वह यह सोच रहा था कि सामनेवाले आदमी की गरमी थोड़ी शांत हो जाए, वह यही सब सोच रहा था, जबकि सैंडल उसको सिर पर एक तगड़ा घूँसा मारनेवाला था, पर यह उसे 'डक' कर गया। बॉक्सिंग के खेल में यह एक दुष्टता का दाँव था, पर इसकी अनुमति थी। यदि कोई आदमी अपने पोरों या उँगलियों की गाँठों को घायल करना चाहता था, दूसरे खिलाड़ी के सिर पर घूँसा मारकर तो यह उसका मामला था और ऐसा करके वह अपना ही नुकसान करता था। किंग और नीचे झुककर उस घूँसे को बिल्कुल ही बचा सकता था, पर उसे याद आया कि उसने अपने पहले ही मुकाबले में किस प्रकार से

वेल्श टेरर के सिर पर घूँसा मारा था और अपनी ही पहली उँगली की गाँठ को काफी घायल कर लिया था। सैंडल ने इसको कुछ नहीं माना और उसी स्फूर्ति और तेजी से उस पर वार करने लगा। पर जब रिंग में लंबी और बड़ी लड़ाइयाँ लड़ी जाएँगी, तब वह याद करेगा कि किंग के सिर पर मारकर उसने कितनी बड़ी भूल की थी। पहला राउंड सैंडल के नाम रहा और दर्शकों ने जोरदार तालियों से उसका अभिवादन किया, उसने किंग पर दमा-दम कई बार किए और किंग ने कुछ भी नहीं किया, पलटवार नहीं किया। बस, अपने को बचाने की कोशिश करता रहा। कभी ब्लॉक कर देता तो कभी डक कर देता या फिर क्लिव कर देता, जिससे उसको सजा नहीं मिले। कभी-कभी तो वह लगभग बेहोश तथा सिर हिलाता था, जब कोई 'पंच' उसके ऊपर पड़ता और भावशून्य इधर-उधर हट जाता, वह कभी भी उछलता-कूदता नहीं था, जिससे उसकी थोड़ी भी शक्ति व्यर्थ न जाए। सैंडल की जवानी का जोश थोड़ा घट जाए, तभी वह वापसी कर पाएगा। किंग की सभी चालें बहुत सुस्त तरीके से और भारी कदम वाली थीं। उसकी आँखों की धीमी गति चलने से प्रतीत होता था कि वह या तो उनींदा था या फिर स्तब्ध था। फिर भी वे ऐसी आँखें थीं, जो हर चीज देखने के लिए ट्रेंड या प्रशिक्षित की गई थीं-रिंग में अपने 20 साल के तजुर्बे से। वे ऐसी आँखें नहीं थीं, जोकि एक आनेवाले मुक्के के साथ हिल जाए या पलक झपकाएँ, फिर भी वे शांति से दूरी को देख लेती थीं और अपने सामने की दूरी को भी नाप लेती थीं।

अपने कोने में एक मिनट के आराम के लिए बैठा पैर फैलाकर, उसकी बाँहें समकोण पर रिंग की रस्सियों पर आराम करती हुई, उसका पेट और छाती पूरी तरह ऊपर-नीचे होती हुई और वह उस

हवा को अंदर ले रहा था, जो उसके सहायकों द्वारा टॉवेल को हिलाने से आ रही थी। वह बंद आँखों से उन आवाजों को सुन रहा था, "टॉम, आज आप फाइट क्यों नहीं कर रहे, टॉम?" "क्या तुम उससे डर रहे हो?"

"उसकी मसल्स अब जकड़ गई हैं," सामने की सीट पर बैठे उसने एक आदमी को कहते सुना, "वह जल्दी नहीं 'मूव' कर सकता। सैंडल के दो घूँसे के बदले वह एक ही घूँसा मार पाता है।"

घंटी बजी और सैंडल फुरती से चलते हुए तीन-चौथाई दूरी पर आ गया, जबकि किंग केवल छोटी दूरी एक-चौथाई चलने में ही संतुष्ट था। यह उसकी अपनी ताकत बचाने की कोशिश थी। उसको ठीक से ट्रेनिंग भी नहीं मिली थी और खाने को भी पर्याप्त नहीं मिला था, इसके अलावा वह दो मील पैदल चलकर भी आया था। यह राउंड भी पहले राउंड की ही तरह था। सैंडल आँधी-तूफान की तरह उस पर हमला बोल रहा था और दर्शकगण गुस्से से बार-बार आवाजें उठा रहे थे कि किंग क्यों नहीं काउंटर अटैक या पलटवार कर रहा था? परंतु मिथ्याभ्रम और कुछ सुस्त से मुक्के के अलावा कुछ नहीं कर रहा था। जबकि सैंडल चाहता था कि खेल की रफ्तार बढ़े, पर किंग अपनी बुद्धिमत्ता के अनुसार उसंका साथ नहीं दे पा रहा था, रिंग में अपने पिटे-पिटाए चेहरे से बस वह उदासी भरी खीसें निपोर रहा था और इस प्रकार से वह अपनी इस उम्र में बची-खुची ताकत को बचा रहा था। सैंडल अभी जवान था तो अभी जवानी के जोश में वह उदारता से अपने घूँसे उस पर बरसा रहा था। किंग एक जनरल की भाँति था और उसको बुद्धिमत्ता सासें लंबी-लंबी दर्द भरी लड़ाइयों का परिणाम थीं। वह ठंडी आँखें तथा सिर से देख रहा था कि कब सैंडल का

जोश कम हो! अधिकतर दर्शक यह महसूस कर रहे थे कि सैंडल किंग पर भारी पड़ रहा था। और उन्होंने सैंडल को 3:1 चांस दिया था, पर फिर भी कुछ ऐसे लोग थे, जो किंग के प्रदर्शन जानते थे, वे उसको भाव दे रहे थे।

तीसरा चक्र भी पहले की भाँति चल रहा था। एक तरफ सैंडल आगे चल रहा था, जो अब तक किंग को सजा दे रहा था, पिटाई कर रहा था। सैंडल ने आधे मिनट बाद थोड़ा सा खेल में ढील दे दी, किंग तो इसी मौके की तलाश में था और उसी वक्त उसका दायाँ हाथ हवा में लहराया और उसने अपने दाएँ हाथ से एक कसकर घूँसा मारा। एक 'हुक' मुक्का दाहिने को हाथ कड़ा रखने के लिए थोड़ा सा मुड़ा हुआ था और उस पर उसके पूरे शरीर का भार था। ऐसा लग रहा था जैसे कि एक सोए हुए शेर ने आँखें खोलीं और बिजली सी फुरती के साथ सैंडल पर हमला कर दिया था। उसके जबड़े की साइड में काफी चोट आ गई थी और वह एक बैल की भाँति गिर पड़ा था। दर्शक स्तब्ध रह गए थे और डरते-डरते उन्होंने तालियाँ बजाई, कहा कि 'जो कुछ भी हो, यह आदमी 'मसल बाउंड' नहीं है और वह ट्रिप हैमर (हथौड़े) की तरह घूँसा मार सकता है।'

सैंडल हिल गया था। उसने लेटकर उठना चाहा, पर उसके सहायकों ने उसे ऐसा करने से रोक दिया तथा गिनती लेने का इशारा किया। वह एक घुटने पर झुक गया, उठने के लिए तैयार हो गया, रेफरी उसके कान पर जाकर सेकंड्स गिनने लगा। नौ की गिनती पर वह उठ खड़ा हुआ, टॉम किंग से लड़ने की मुद्रा में। टॉम किंग को पता था कि उसका मुक्का यदि उसके जबड़े के एक इंच और पास होता तो वह जीत जाता, वह 'नॉक आउट' होता और

वह 30 पाउंड लेकर अपनी पत्नी तथा बच्चों के पास पहुँच जाता।

यह चक्र अगले 3 मिनट तक चलता रहा। सैंडल पहली बार अपने विरोधी को आदर की दृष्टि से देख रहा था। किंग के

मूवमेंट अभी भी सुस्त और आँखें उनींदी सी। वह इस बात से चेत गया था कि उसके सहायक रिंग के बाहर घुटने टेककर खड़े थे, कूदकर अंदर आने के लिए, इसलिए उसने इस द्वंद्व को ऐसे खत्म किया, जिससे वह अपने कॉर्नर (कोने) पर पहुँच जाए तथा स्टूल पर बैठ जाए। और जब घंटी बजी, तब वह जल्दी से स्टूल पर बैठ गया, जबकि सैंडल को काफी चलकर अपने कोने तक पहुँचना पड़ा। यह छोटी-छोटी बातें बहुत काम आती हैं। वह ज्यादा आराम कर पाया और सैंडल को ज्यादा ऊर्जा खर्च करनी पड़ी तथा आराम के एक मिनट में से काफी समय निकल गया। प्रत्येक राउंड के शुरुआत में किंग स्टूल पर से उठकर धीरे-धीरे चलता था, जबकि सैंडल को उतनी दूर और चलकर उसके पास पहुँचना पड़ता था। ऐसे ही हरेक राउंड के खत्म होने पर अपने कोने पर पहुँचने की कोशिश करता था और तुरंत बैठ जाता था।

इस प्रकार से दो और 'चक्र' निकल गए। किंग ज्यादा कोशिश नहीं कर रहा था कि वह कुछ तेजी से खेले, परंतु किंग को यह सुखद नहीं लग रहा था, क्योंकि जो तमाम मुक्के उसे मारे जा रहे थे, वह उसे जहाँ-तहाँ लग ही रहे थे, परंतु किंग अपने सुस्तीपने में डटा रहा, जबकि युवा गर्मजोश दर्शक उसे उकसा रहे थे कि वह भी तेजी से खेले। फिर छठे राउंड में भी सैंडल एक क्षण को लापरवाह हुआ कि किंग ने उसके जबड़े पर मुक्का दे मारा। फिर से सैंडल नौ की गिनती तक पड़ा रहा और फिर उठ खड़ा हुआ।

नौवें राउंड तक सैंडल के चेहरे का गुलाबीपन जाता रहा था और अब वह उस द्वंद्व के लिए तैयार हो रहा था, जो इन मुकाबलों का सबसे कठिन मुकाबला होनेवाला था। टॉम किंग एक पुराना मँजा हुआ खिलाड़ी था, पर उससे कहीं ज्यादा, जितना कि उसने कल्पना की थी। एक ऐसा पुराना खिलाड़ी, जिसकी अक्ल ठिकाने पर रहती थी, जो कि असाधारण रूप से अपनी रक्षा कर रहा था तथा जिसके नॉटेड क्लब के मुक्केबाजी ने उसे लगभग दो बार नॉक ऑउट कर ही दिया था। पर फिर भी टॉम किंग को यह साहस नहीं हो पा रहा था कि वह सैंडल पर जल्दी-जल्दी हमला बोले। टॉम अपने क्षत-विक्षत नकल्स (Knuckles) को भूला नहीं था तथा उसका यह मानना था कि उसे पूरे खेल में बने रहना है तो उसे अपने ज्ञदनबासमे को बचाकर रखना पड़ेगा और उसका हिट गिना जाए। जब वह अपने कॉर्नर में बैठा अपने विरोधी की ओर देखते हुए सोच रहा था कि उसके पास बुद्धिमत्ता और चतुराई है तो उसके पास जवानी है, जो एक वरदान है; और यदि दोनों को को मिला दिया जाए तो दुनिया का सबसे ताकतवर मुक्केबाजी के भारी वजन में विश्व चौंपियन तैयार हो जाए।

किंग वह सब फायदा उठा रहा था, जो वह ले सकता था। वह 'क्लिंच' करने का कोई मौका नहीं छोड़ता था; और जब वह क्लिंच करता था, तब वह अपने कंधों से अपने विरोधी की पसलियों पर हमला कर रहा होता है। रिंग के दर्शन में 'क्लिंच' भी उतना प्रभावी होता है, जितना कि मुक्का पंच करना, क्योंकि उससे विरोधी को जो क्षति पहुँचती है, वह उसकी कोशिश से कहीं ज्यादा होती है। और क्लिंच करते समय वह अपना सारा भार भी

विरोधी पर डाल देता था और फिर उसको छूटकर जाने नहीं देता था। इससे रेफरी को हमेशा उन दोनों को अलग करना पड़ता था, जिसमें सैंडल उसकी सहायता करता था, क्योंकि सैंडल ने अभी तक विश्राम करना नहीं सीखा था। उसकी लहराती हुई भुजाएँ और बाँहों को मोड़नेवाली तगड़ी 'मसल्स' (मांसपेशियाँ) और जब दूसरा आदमी क्लिंच करने के लिए भागकर कंधे को पसलियों पर मारता हुआ और उसका सिर सैंडल के बाएँ हाथ के नीचे होता, तब सैंडल हमेशा यह कोशिश करता कि वह अपने दाएँ हाथ को पीछे ले जाकर उसके बाहर निकले हुए मुँह पर वार करे। यह बहुत चालाकी भरी चाल थी, जो उसके दर्शकगण बहुत सराहते थे, पर वह स्ट्रोक इतना खतरनाक भी नहीं था। एक तरह से यह एक बेकार का स्ट्रोक था। पर सैंडल थका नहीं था और किंग खिसियाता हुए उसे स्वीकार कर लेता था।

सैंडल ने अपने शरीर को बहुत कस लिया, जिससे ऐसा प्रतीत हो रहा था कि किंग केशरी को बहुत चोटें पहुँचाई गई थीं। केवल पुराने शातिर खिलाड़ी यह जान सकते थे कि किंग कितनी होशियारी से अपने बाएँ दस्ताने से सैंडल के हँसुली पर वार कर रहा था; पर बाइसेप्स पर मुक्का पड़ने से उसका असर कम हो जाता था। नौवें चक्र में ऐसा हुआ कि तीन बार किंग का मुक्का सैंडल के जबड़े पर लगा और चूँकि सैंडल का शरीर भारी था और वह मैट पर गिर पड़ता था, पर प्रत्येक बार वह नियत 9 सेकंड के बाद उठ खड़ा होता था, अच्छी तरह हिला हुआ और जबड़े भिंचे हुए; पर अब भी वह ताकतवर था। उसकी तेजी थोड़ी कम पड़ गई थी और अपनी कोशिश कम बरबाद होने देता था। वह अब निर्दयता से लड़ रहा था और उसका जो मुख्य गुण था, जवानी,

उससे वह अपनी ताकत ले रहा था, जबकि किंग का सबसे बड़ा गुण था अनुभव और वह उसके भरोसे खेल रहा था, क्योंकि उसकी शक्ति कम हो गई थी और ओज भी कम हो गया था, अतएव उसने थोड़ी चालाकी से काम लेना शुरू कर दिया था तथा बुद्धि से, जो उसको बार-बार द्वंद्व करने से पैदा हो गई थी तथा वह सावधानी से अपनी ताकत को इस्तेमाल करता था। केवल उसने यह सीख लिया था कि वह कोई बेकार जानेवाला दाँव न खेले, पर वह यह भी कोशिश करता था कि उसका विरोधी अपनी ताकत को इधर-उधर जाया करे। बार-बार वह अपने पैर और शरीर को ऐसे छद्म तरीके से 'मूव' करता था, जिससे कि उसके विरोधी को या तो डक पड़ता था या फिर उसको उलट वार करना पड़ता था; किंग बीच-बीच में आराम कर लेता था, पर सैंडल को आराम नहीं करने देता था। यह भी उसकी एक चाल थी।

दसवें राउंड में शुरू-शुरू में ही सैंडल चेहरे पर बाईं ओर वार करता था। सैंडल इससे थक गया था और वह अपने बाएँ चेहरे को खींच लेता था या डक कर देता था और फिर उसने अपने दाएँ हाथ से उसके सिर पर बाईं ओर जोर से स्विंगिंग हुक वार किया। इतनी ऊर्जा का यह नहीं था कि प्राणघातक हमला हो, पर फिर भी उसके (किंग के) आँखों के आगे अँधेरा छा गया और कुछ मिनटों के लिए वह बेहोश हो गया। उसका परिचित ब्लैक आॅउट हो गया था। कुछ क्षणमात्र के लिए वह मृतप्राय हो गया था। उसने देखा कि उसका विरोधी एक क्षण के लिए सफेद पृष्ठभूमि में एक काली छाया की तरह प्रतीत हो रहा है। उसने दुबारा यही दृश्य देखा। सफेद पृष्ठभूमि में कुछ धुँधले से चेहरों की छवियाँ! ऐसा प्रतीत हो रहा था कि वह कुछ पल के लिए सो गया हो तथा

गिरने के लिए कुछ भी समय नहीं बचा था। दर्शकों ने देखा कि वह लड़खड़ाया तथा उसके घुटने मुड़ गए, पर वह जल्दी से अपनी पोजीशन पर खड़ा हो गया, पर इतनी जल्दी भी नहीं कि वह अपनी ठुड्डी को अपने कंधे के साए में छिपा सके।

सैंडल ने अपना यह वार कई बार दुहराया, जिससे कि किंग का थोड़ी देर के लिए सिर चकरा जाता था, फिर उसे अपनी रक्षा का उपाय सूझ गया था, जिसके लिए उसने डेढ़ कदम पीछे हटकर दाएँ हाथ का नाटक करते हुए, बाएँ हाथ से जबरदस्त वार किया था। उसकी टाइमिंग इतनी सही थी कि सैंडल के चेहरे पर बड़ी जोर से पड़ा। यह फुल स्विंगिंग वार था, जो बड़ी जोर से उसके चेहरे पर पड़ा तथा सैंडल हवा में उछल गया था। और फिर पीछे को घूमकर खड़ा हो गया, फिर उसका सिर और कंधा मैट से टकराया। किंग ने ऐसा दो बार किया और फिर खुले शेर की तरह उसने सैंडल पर मुक्कों की बौछार कर दी तथा उसको पीछे रस्सी की ओर ढकेल दिया। उसने सैंडल को थोड़ा समय आराम के लिए दिया और फिर वह जैसे ही उठा, उसके ऊपर घूँसों की बौछार कर दी। सारा हॉल तालियों की गड़गड़ाहट से गूँज उठा। पर सैंडल की ताकत और सहनशक्ति गजब की थी और वह अपने पाँवों पर खड़ा रहा। एक नॉक-ऑउट बिल्कुल तय था तथा पुलिस का एक कैप्टन, जोकि भयानक सजा से भौचक्का रह गया था, वह इस फाइट को रोकने के लिए आगे बढ़ा। उसी वक्त राउंड खत्म करने के लिए घंटा बजा और सैंडल लड़खड़ाते हुए अपने कोने की ओर बढ़ा। उसने पुलिस कैप्टन का प्रतिवाद किया तथा दो बैक एयर-स्प्रिंग फेंके, जिससे पुलिस कैप्टन ने अपनी जिद छोड़ दी।

टॉम किंग अपने कोने में जाकर खड़ा हो गया था तथा इस

बात पर निराश था कि यदि यह फाइट रोक दी गई होती तो रेफरी उसके पक्ष में फैसला दे देता और पर्स उसका होता। सैंडल अपनी महिमा और कॅरियर के लिए लड़ रहा था, जबकि वह केवल पैसों और परिवार के भोजन के लिए लड़ रहा था। और अब इस एक मिनट के विश्राम में वह पुनः अपनी ताकत पा लेगा।

'युवावस्था की जीत होगी'-यह कहावत उसके मन में कौंध गई और उसने वह दिन याद किया, जब उसने पहली बार यह कहावत सुनी थी। वह रात, जब उसने स्टॉउदर विल को धराशायी किया था। वह सुवस्त्रधारी आदमी, जिसने फाइट के बाद उसको ड्रिंक लाकर दी थी। उसने कहा था-"Youth will be Served"। वह आदमी सही था। और उस रात को वह द्वंद्व जीत गया था, जवानी की जीत हुई थी। आज युवा आदमी सामने कोने में खड़ा था। जहाँ तक उसका सवाल था, वह अब बूढ़ा आदमी था और पिछले आधे घंटे से वह लड़ रहा था। यदि वह सैंडल की तरह लड़ता तो वह 15 मिनट से अधिक नहीं ठहर पाता। पर मुद्दा यह था कि अभी उसने दुबारा से वह शक्ति वापस नहीं पाई थी। वे तनी हुई धमनियाँ और दुर्बल हृदय ने उसको राउंड्स के बीच में होती है-उसमें वह अपेक्षित लाभ नहीं ले पाया था। अगला राउंड लड़ने के लिए उसके पास ताकत नहीं बची थी। उसके पाँव भारी हो रहे थे और उनमें अकड़न भी आ गई थी। उसको दो मील चलकर नहीं आना चाहिए था तथा वह गोश्त भी उसे नहीं मिला था, जिसकी उसे इच्छा थी। उस सुबह उसके मन में उस कसाई के प्रति बहुत घृणा हो गई थी, जिसने उसे सुबह उधार पर गोश्त नहीं दिया था। एक बूढ़े आदमी से कैसे आशा की जा सकती थी, वह आधे पेट मुक्केबाजी के लिए जाए? गोश्त का एक टुकड़ा कितना

जरूरी था, केवल कुछ ही पेनी का होता है, पर उसके लिए तो वह तीस पौंड के बराबर था।

जब ग्यारहवें चक्र के लिए घंटा बजा तो सैंडल भागकर आया और उस ताजगी के साथ, जो उसकी नहीं थी। किंग जान गया था कि यह एक 'ब्लफ' था, जोकि इतना पुराना था, जितना कि खेल था। वह सिकुड़ गया, स्वयं को बचाने के लिए, फिर एकदम से उसने स्वयं को आजाद छोड़ दिया, जिससे कि सैंडल को सेट होने का मौका मिल गया। यही किंग को चाहिए था। उसने अपने बाएँ हाथ से वार करने का दिखावा किया तथा दाएँ हाथ से उस पर प्रहार किया। हवा में लहराता हुआ हुक, फिर आधा कदम पीछे हटता हुआ और फुल-कट उसके चेहरे पर घूँसा मारा और सैंडल चटाई पर धराशायी हो गया। इसके बाद उसने सैंडल को आराम नहीं करने दिया तथा उसके ऊपर दनादन घूँसे बरसाता रहा और बीच-बीच में उस पर भी घूँसे बरसते रहे; पर उसने सैंडल की कहीं ज्यादा पिटाई की और उसको रस्सी के पास भेज दिया तथा उसके ऊपर हर तरह के घूँसे बरसाए, उसके क्लिंचेज से बचते हुए या कोशिश किए गए को पंच-आउट करते हुए और जब सैंडल गिर जाता था, तब उसे एक हाथ से ऊपर उठाते हुए, दूसरे हाथ से फिर स्मैश करता है, रस्सियों के पास धक्का देता, पर इस बार वह गिरता नहीं है।

इस वक्त तक भीड़ पागल सी हो गई थी और चिल्ला रही थी, "कम ऑन टॉम", "गॉट हिम, गॉट हिम", "यू हैव गॉट हिम", "टॉम, यू हैव गॉट हिम" (तुम उसके ऊपर हावी हो गए हो।) यह एक तूफानी फिनिश था और रिंग साइड दर्शक चाहते भी थे, जिसके लिए उन्होंने पैसों का भुगतान किया था। और टॉम किंग,

जिसको अपनी शक्तियों को बनाए रखने के लिए आधा घंटा मिल गया था। उसने अपनी सारी शक्ति लगा दी और उसने चतुराई से कुछ ताकत बचाई, जो उसको पता था, वह एक महान् कोशिश में लगा था। उसको यह पता था कि या तो अभी या कभी नहीं। उसकी ताकत तेजी से घटती जा रही थी और जल्द ही खत्म हो जा जाएगी और इसके पहले उसको अपने विरोधी को 10 की गिनती तक धराशायी कर देना था। उसने शांत दिमाग से मुक्के मारने जारी रखा। उसे अपने मुक्कों का वजन और उनका गुण पता था। उसको यह भी पता चल गया था कि सैंडल को नॉक ऑउट (हराना) करना बहुत मुश्किल है। उसकी शक्ति और सहनशक्ति, जवानी की ताकत थी। सैंडल को वास्तव में एक महान् आदमी बनना था। सफल योद्धा इसी प्रकार के तूफानी गुणों से बनते हैं।

सैंडल फिरकी की तरह नाच रहा था और लड़खड़ा रहा था। किंग के पैरों में भी अकड़न आ गई थी और उँगलियों की गाँठ भी कमजोर हो रही थी, फिर भी वह स्वयं को मजबूत करके उसके ऊपर घूँसे बरसा रहा था, जिससे उसके यातना वाले हाथों में और दर्द हो रहा था। यद्यपि इस वक्त उसकी पिटाई लगभग नहीं के बराबर हो रही थी और हर एक मुक्का एक कठिन कोशिश का परिणाम होता था। उसके पाँव अब सीसे की तरह हो गए थे और वह उसको अब खींच रहा था, जबकि सैंडल के समर्थक इस प्रकार के लक्षणों से खुश हो रहे थे तथा उसको बढ़ावा देने के लिए 'बैकअप सैंडल, सैंडल' चिल्ला रहे थे।

किंग में एकदम से कोशिश करने की स्फूर्ति आई। उसने जल्दी-जल्दी दो मुक्के जड़े। एक जरा ज्यादा ऊँचा था? सोलर प्लेक्सस (सौर-तंतुजाल) से थोड़ा ऊपर और दूसरा जबड़े पर। वे

बहुत भारी मुक्के नहीं थे, पर फिर भी इतने कमजोर नहीं थे, सैंडल चकराकर गिर गया, काँपते हुए। रेफरी ने उसके पास आकर गिनती शुरू कर दी। वे घातक 10 सेकंड! सारे दर्शकगण एक धीमी चुप्पी में साँस रोककर, किंग काँपते पैरों से विश्राम कर रहा था।

यदि वह इन घातक 10 सेकंड में उठकर खड़ा नहीं होता तो फिर 'फाइट' उसकी होगी। किंग को एक घातक चक्कर आ रहा था और उसकी आँखों के सामने चेहरे लटक रहे थे और झूल से रहे थे। उसको लग रहा था कि रेफरी की आवाज बहुत दूर से आ रही है। यह असंभव था कि एक आदमी, जिसे सजा मिली हो, वह उठ खड़ा हो!

केवल कोई युवा ही उठकर खड़ा हो सकता था। चौथे सेकंड तक उसने अंधों की तरह लोटकर रस्सी को पकड़ने की कोशिश की। सातवें सेकंड की गिनती तक किंग अपने को खींच-तानकर घुटनों पर आ गया। वह हिलते हुए अपने सिर को अपने कंधे पर रखकर आराम करने लगा। जैसे ही रेफरी ने '9' बोला, सैंडल उठ खड़ा हुआ, ठीक से स्टालिंग पोजीशन में। उसने बायाँ हाथ पेट पर बाँधा हुआ था, जिससे वह अपने जीवनदायी अंगों की रक्षा कर रहा था और वह किंग की तरफ जा रहा था, इस आशा में कि वह उसे क्लिंच कर पाएगा और इस तरह से उसे कुछ समय मिल जाएगा।

जैसे ही सैंडल उठा, किंग उस पर झपट पड़ा, उस पर दो घूँसे जड़े, उसके प्रहार उसकी बलिष्ठ भुजाओं द्वारा कम हो गए थे। अगले ही क्षण सैंडल 'क्लिंच' में था और थोड़ा हताश होकर पकड़े हुए था और रेफरी ने पास जाकर उन दोनों आदमियों को अलग करना चाहा, पर किंग ने किसी प्रकार से अपने आपको

छुड़ा लिया। परंतु किंग को पता था कि वह युवा उसकी रिकवरी को रोक सकता था। उसका एक कड़ा मुक्का ऐसा कर सकता था। उसने उसको (किंग को) आउट जेनरल्ड कर दिया था, हर द्वंद्व में उससे बढ़-चढ़कर उसको पछाड़ दिया था और उसे आउट पॉइंट कर दिया। सैंडल उसके क्लिंच से बाहर आ गया था। टॉम किंग ने काफी कड़वाहट से यह याद किया कि उसको उस एक टुकड़े के लिए मास्टर स्टॉक की जरूरत महसूस हुई, उस पंच के लिए, जो वह सैंडल पर जड़ना चाहता था। उसने स्वयं को उस मुक्के के लिए तैयार किया, पर वह उतनी तेजी से और गति से नहीं पड़ा। सैंडल थोड़ा सा लड़खड़ाया, पर गिरा नहीं, रस्सियों तक गया, किंग भी लड़खड़ाता हुए उसके पीछे-पीछे रस्सियों तक गया, साथ ही उसको दर्द भी था, फिर भी उसने सैंडल पर एक बार फिर वार किया। पर उसका शरीर साथ छोड़ रहा था। उसके पास जो कुछ शेष थी, वह एक लड़ते रहने की बुद्धि, वह भी थकान के मारे कम हो गई थी और जैसे उस पर बादल छा गए हों! उसका मुक्का, जिसका निशाना जबड़े के लिए था, वह कंधे तक ही जा सका, पर उसकी थकी हुई मांसपेशियाँ उसकी आज्ञा का पालन नहीं कर सकीं और उसके घूँसे के जोर से किंग अपने-आप ही पीछे को हट गया और लगभग गिर गया था। एक बार वह फिर उठ खड़ा हुआ, पर वह मुक्का उसे लगा ही नहीं। वह सैंडल के ऊपर गिर पड़ा तथा उसे क्लिंच कर लिया, पर उसे वह पकड़े रहा, जिससे वह जमीन पर गिर न पड़े।

किंग ने अपने आपको छुड़ाने की कोशिश नहीं की। उसने अपने 'बोल्ट' को शूट कर दिया था। यहाँ तक कि क्लिंच के दौरान भी सैंडल उस पर भारी और ताकतवर पड़ रहा था। जब रेफरी ने

उन दोनों को छुड़ाया तो उसे लगा कि सैंडल फुरती से 'रिकवर' कर गया था। उसके 'पंचेज', जो शुरू में कमजोर और बिल्कुल सही नहीं पड़ रहे थे, अब तगड़े और सही जगह पर पड़ रहे थे। उसने सैंडल के दस्ताने को अपनी ओर बढ़ते देखा तथा उसे अपने हाथों से रोकना चाहा। उसने खतरे को देखा और अपने हाथों से रोकना चाहा, पर उसके हाथ तो बहुत भारी हो रहे थे। (सैकड़ों किलोग्राम के बराबर) और उसको वह उठा नहीं सका, फिर उसने उसे आत्मबल से उठाना चाहा, पर उसके ऊपर दस्तानेवाला हाथ जोरों से पड़ा, बिजली की स्पार्किंग, फिर उसकी आँखों के सामने अँधेरा छा गया।

जब उसकी आँखें खुलीं तो वह अपने कोने में पहुँच गया था और दर्शकों की आवाज समुद्र की लहरों के बांडीबीच के तट पर टकराने की तरह जोर से शोर करती हुई सुनाई पड़ रही थीं। उसके दिमाग के नीचे गीले स्पॉज से दबाया जा रहा था तथा सिड सलिवान उसके चहरे और छाती पर ठंडे पानी के छींटे स्प्रे से डाल रहा था। उसके दस्ताने हटा लिये गए थे और सैंडल उसके ऊपर झुककर हाथ हिला रहा था। उसकी उस आदमी के प्रति कोई बुरी भावनाएँ नहीं थीं, जिसने उसे अभी पहली बार रिंग में देखा, उसने उसके हैंडशेक का प्रत्युत्तर देना चाहा, पर उसके चोट खाए न्यूकल्स उसको ऐसा नहीं करने दे पा रहे थे। फिर सैंडल रिंग के बीचोबीच खड़ा हो गया, तब दर्शकगणों में एक धीमी खलबलाहट सी मच गई, उसको सुनने के लिए कि वह युवा प्रोटो की चुनौती स्वीकार कर रहा है और दाँव पर लगी धनराशि 100 पौंड की हो जाएगी। किंग बड़े दयनीय भाव से उसे देख रहा था, जब उसके सहायक उसका चेहरा पोंछ रहे थे और उसे रिंग

छोड़कर जाने के लिए तैयार कर रहे थे। उसको भूख लग रही थी। यह साधारण किस्म की भूख नहीं, परंतु एक बड़ी बेहोशी सी आ रही थी। उसके पेट में जोर से भूख की ज्वाला धधक रही थी, जो उसके सारे शरीर में व्याप्त हो रही थी। उसे अपने मुक्केबाजी का वह क्षण याद आया, जब युवा सैंडल लड़खड़ाकर गिर गया था और वह हार के कगार पर था, अगर वह मांस का टुकड़ा खाने के बाद ऐसा हो सकता था, उसको वह जो निर्णायक मुक्का मारता, पर अफसोस, वह हार गया। यह सब उस स्टीक के कारण था।

उसके सहायक उसे आंशिक रूप से रिंग से बाहर जाने में सहायता कर रहे थे, पर उसने उनसे जल्द ही पीछा छुड़ा लिया–रस्सियों के बीच से बिना किसी की मदद से निकला और बीच वाली गली से रास्ता बनाता हुआ बाहर निकल गया। ड्रेसिंग रूम से बाहर निकलकर हॉल में होकर जब वह बाहर निकल रहा था, तब कुछ लोगों ने उससे पूछा, "आप क्यों नहीं उसके पीछे गए और उसको क्यों नहीं हरा दिया?" "आह, तुम भाड़ में जाओ," किंग ने कहा और सीढ़ियों से उतरकर वह 'साइड–वाक' (फुटपाथ) पर आ गया।

कोने में एक मयखाना था, जिसके दरवाजे खुले हुए थे और उसने अंदर रोशनी तथा मुसकराती हुई बार–मेड्स देखी। कई लोग उसी की फाइट के बारे में चर्चा कर रहे थे और काउंटर पर तमाम धन पड़ा था। किसी ने उसको बुलाकर कुछ ड्रिंक ऑफर किया। वह थोड़ा हिचकिचाया, फिर उन्हें मना कर दिया और बाहर अपने रास्ते पर चला गया।

उसकी जेब में एक पैसा भी नहीं था और घर तक का दो मील का रास्ता बहुत लंबा लग रहा था। वह जरूर ही बुढ़ा रहा था।

डोमेन को पार करने के बाद वह अचानक बेंच पर बैठ गया, इस बात से बेखबर कि घर पर उसकी पत्नी उसका इंतजार कर रही थी उसके द्वंद्व का परिणाम जानने के लिए। यह किसी भी नॉक-आउट से ज्यादा कठिन था और उसको यह असंभव लग रहा था कि वह उसका सामना कर पाएगा।

उसको बहुत कमजोरी और दु:ख लग रहा था और उसकी बुरी तरह ध्वस्त/घायल उँगलियाँ उससे कह रही थीं कि यदि उसे कोई नेवी जॉब मिल भी जाता है तो शायद अगले एक हफ्ते तक वह फावड़ा नहीं उठा सकता था। भूख से जो पेट में कुलबुलाहट हो रही थी, वह बड़ी दर्दनाक थी। उसकी लाचारी उसके ऊपर हावी हो गई और उसकी आँखें उस दु:ख से नम हो गई थीं। उसने अपने चेहरे को हाथों से ढक लिया था तथा जब वह रो रहा था तो उसे एक पुरानी फाइट में हारे स्टाउशर बिल की याद आ गई कि क्यों वह ड्रेसिंग-रूम में जाकर इस प्रकार से फूट-फूटकर रोया था!

○○